Robert Nothhelfer, Stefan Foschiani, Katja Rade, Volker Trauzette

Klausurtraining für allgemeine Betriebswirtschaftslehre

Lehr- und Klausurenbücher der angewandten Ökonomik

Herausgegeben von
Prof. Dr. Michael Vorfeld und
Prof. Dr. Werner A. Halver

Band 4

Robert Nothhelfer, Stefan Foschiani,
Katja Rade, Volker Trauzettel

Klausurtraining für allgemeine Betriebswirtschaftslehre

Originalaufgaben mit Musterlösungen

DE GRUYTER
OLDENBOURG

ISBN 978-3-11-048181-5
e-ISBN (PDF) 978-3-11-048182-2
e-ISBN (EPUB) 978-3-11-048202-7
ISSN 2364-2920

Library of Congress Cataloging-in-Publication Data
A CIP catalogue record for this book has been applied for at the Library of Congress.

Bibliografische Information der Deutschen Nationalbibliothek
Die Deutsche Nationalbibliothek verzeichnet diese Publikation in der Deutschen
Nationalbibliografie; detaillierte bibliografische Daten sind im Internet über
http://dnb.dnb.de abrufbar.

© 2017 Walter de Gruyter GmbH, Berlin/Boston
Satz: Kovertus, Haarlem
Druck und Bindung: CPI books GmbH, Leck
♾ Gedruckt auf säurefreiem Papier
Printed in Germany

www.degruyter.com

Vorwort zur ersten Auflage

Zu Beginn des Studiums einen Überblick über die Betriebswirtschaftslehre zu bekommen ist nicht einfach. Daher sind an der Hochschule Pforzheim zwei betriebswirtschaftliche Grundlagenvorlesungen – eine im ersten, eine im zweiten Semester – verpflichtend. Ziel der Vorlesungen ist, die Themenfelder der BWL in der Breite abzudecken, um so möglichst früh eine Basis zu schaffen, auf der alle weiteren Veranstaltungen aufbauen können. Es wäre natürlich vermessen, die gesamte BWL in zwei Vorlesungen vermitteln zu wollen. Es geht darum, einen Überblick zu schaffen und exemplarisch Themen und Fragestellungen zu erarbeiten.

Den Studierenden ist die Bedeutung und Schwierigkeit gerade im Hinblick auf die Vorbereitung der kommenden Klausur durchaus bewusst. Regelmäßig erreichen uns Anfragen zu mehr Materialien für die Klausurvorbereitung, insbesondere zur Bereitstellung von Musterlösungen. Aufgrund der vielen Anfragen haben wir uns entschieden, gesammelt eine Unterstützung zur Vorbereitung herauszugeben – mit Lösungen, damit auch die Selbstkontrolle möglich ist.

Auch wenn dieses Buch Aufgaben und Lösungen enthält, halten wir es für den Lernerfolg für wichtig, zunächst zu versuchen, die Aufgabe selbständig – ohne Lösungsvorlage – zu bearbeiten. Lernen bedeutet zu großen Teilen verstehen und auch verinnerlichen; dies gelingt beim schnellen Durchlesen einer Musterlösung selten.

Wir haben das Buch mit großer Sorgfalt erstellt und unser Bestes getan, sämtliche Fehler zu eliminieren. Sollten Sie trotzdem einen finden oder Verbesserungs- oder Ergänzungsvorschläge haben, freuen wir uns über eine Nachricht an:

robert.nothhelfer@hs-pforzheim.de

Wir wünschen Ihnen viel Erfolg beim Durcharbeiten der Aufgaben und bei den anschließenden Klausuren.

Pforzheim, im März 2017

Robert Nothhelfer, Stefan Foschiani, Katja Rade, Volker Trauzettel

Inhaltsverzeichnis

1 Einleitung

Dieses Buch soll zur Vorbereitung auf Prüfungen dienen. In Vorlesungen oder im Selbststudium erworbenes Wissen kann durch Üben mit Aufgaben gefestigt und vertieft werden.

Typischerweise werden mit einer Lehrveranstaltung mehrere Lernziele verfolgt, die dann auch in einer Prüfung entsprechend abgeprüft werden:

- **Kenntnis**, d. h. Wiedergabe von grundlegendem Wissen.
- **Anwendung** des Wissens auf eine konkrete Aufgabenstellung.
- **Reflexion und Analyse**: Über das bloße Anwenden hinausgehendes Hinterfragen oder Interpretieren von Anwendungsergebnissen.

Die Aufgaben decken in unterschiedlichem Umfang alle drei Ziele ab. Aufgrund der Breite der Themenfelder kann es sich hierbei nur um exemplarische Aufgaben handeln.

Um entsprechend dem Lernfortschritt üben zu können, ist der erste Teil des Buches nach Themen gegliedert.

Im zweiten Teil finden sich Musterklausuren, die so an der Hochschule Pforzheim gestellt wurden. Sie können zur unmittelbaren Klausurvorbereitung unter Klausurbedingungen (Zeitdruck, nur zugelassene Hilfsmittel) verwendet werden.

Dieses Buch ist ein Übungsbuch und kein Lehrbuch, das das Themengebiet systematisch erschließt. Erfolgreiches Lernen und Verstehen der sehr breiten Themengebiete der Betriebswirtschaftslehre erfordern ein systematisches Erarbeiten der Themen, in der Regel durch den regelmäßigen Besuch einer Lehrveranstaltung und das parallele Durcharbeiten eines oder mehrerer Lehrbücher.

Aufgrund des Übungscharakters sind die Lösungen vollständig, aber kurz gehalten. Bei den Lösungen sind Querverweise zu Lehrbüchern angegeben, um ein möglicherweise nötiges Schließen von Lücken zu erleichtern.

Klausuraufgaben können in unterschiedlichen Schreibstilen beantwortet werden: eher Fließtext, eher grafisch/tabellarisch, eher in Stichpunkten – diese Formen finden sich je nach Aufgabenstellung auch in diesem Buch.

Sofern in einer Aufgabe praktische Beispiele anzugeben sind, werden auch in der Lösung nur Beispiele gegeben. Die Aufgabe kann selbstverständlich auch mit anderen richtigen Beispielen vollständig gelöst werden.

Für alle Aufgaben ist die vorgesehene Bearbeitungszeit angegeben, die der Orientierung dient, um unter Klausurbedingungen ausreichend Zeit für andere Aufgaben zu haben.

DOI 10.1515/9783110481822-001

2 Betriebswirtschaftliche Grundlagen

Aufgabe 1: Bedürfnisse und Wirtschaftsgüter

Wissen
Bearbeitungszeit: rund 10 Minuten

1. Aufgabenstellung

Wirtschaften befasst sich mit der Befriedigung von Bedürfnissen. Erläutern Sie zunächst die Bedürfnispyramide nach Maslow und zeigen Sie dann den Zusammenhang zwischen den Begriffen Bedürfnis und Nachfrage auf. Erklären Sie darüber hinaus kurz drei zentrale Merkmale von Wirtschaftsgütern.

2. Lösung

Bedürfnis ist ein Begriff der Verhaltenspsychologie. Es beschreibt die Abweichung von einer Norm (Sollzustand), die korrigiert werden soll. Das Bedürfnis nach Nahrung führt dazu, dass der Mensch immer wieder bereit ist, Essen und Trinken zu sich zu nehmen. Ein Bedürfnis sorgt im Menschen also für eine allgemeine Verhaltensdisposition (generelle Verhaltensbereitschaft).

Der Begriff Bedürfnispyramide kennzeichnet die Theorie der Bedürfnishierarchie, die auf den amerikanischen Psychologen Abraham Harold Maslow (1943) zurückgeht. Sie ist den sog. Bedürfnistheorien zuzurechnen. Diese versuchen das Verhalten von Menschen auf ihre Bedürfnisse zurückzuführen.

Das Modell von Maslow unterstellt, dass menschliches Verhalten (immer) aus Bedürfnissen resultiert. Ferner können sämtliche Bedürfnisse in fünf Kategorien unterschieden werden. Diese Bedürfnisklassen, Maslow spricht von Grundbedürfnissen bzw. -motiven, stehen in einem hierarchischen Zusammenhang (Maslow's Annahme der Präpotenz). Diese Reihung der Grundbedürfnisse entspricht ihrer Verhaltensrelevanz: Physiologische Bedürfnisse, Sicherheitsbedürfnisse, Soziale Bedürfnisse, Geltungsbedürfnisse, Selbstverwirklichungsbedürfnisse (siehe Abbildung 1).

Neben der Kategorisierung in fünf Bedürfnisklassen postuliert Maslow Annahmen über Motivation, d. h. wie sich diese Bedürfnisse in Verhalten umsetzen. Jeder Mensch hat zunächst physiologische Bedürfnisse (Hunger und Durst stillen). Diese – sofern unbefriedigt – überstrahlen Bedürfnisse der anderen Kategorien. Der hungrige Mensch richtet sein gesamtes Handeln auf das Stillen des Hungers aus (Dominanz unbefriedigter Bedürfnisse). Wenn die Bedürfnisse einer Bedürfniskategorie weitestgehend befriedigt sind, treten sie in den Hintergrund und es werden die Bedürfnisse der nächsthöheren Bedürfniskategorie aktiviert/verhaltensrelevant. Der Mensch richtet sein Verhalten so lange an diesen Grundbedürfnissen aus, bis diese eine gewisse Befriedigung erlangt haben. Dieses gilt für die ersten vier Bedürfniskategorien, die mit Defizitbedürfnissen gekennzeichnet werden, d. h. ein Mangelzustand

DOI 10.1515/9783110481822-002

kann beseitigt werden. Das höchste Bedürfnis der Hierarchie, das Selbstverwirklichungsbedürfnis, kann nicht vollständig befriedigt werden, sondern erweitert sich (deshalb auch mit „Wachstumsbedürfnis" gekennzeichnet).

Die Hierarchie der Bedürfnisse wird häufig in Form eines Schaubilds dargestellt, das sich an eine Pyramidenform anlehnt (Abbildung 1):

Abbildung 1: Bedürfnispyramide nach Maslow

Wird ein Bedürfnis konkretisiert, d. h. es wird eine konkrete Lösung für ein Bedürfnis gesucht, so entsteht ein Bedarf. So kann das Bedürfnis nach Nahrungsaufnahme in einen konkreten Bedarf nach Pizza oder Eis münden, d. h. aus dem allgemeinen Bedürfnis (Hungergefühl) wird ein konkreter Wunsch (Pizza oder Eis). Besteht dann die Möglichkeit, diesen Bedarf auch zu decken, z. B. durch vorhandene Geldmittel oder durch zu erbringende Arbeitsleistung, so wird aus dem Bedarf eine Nachfrage. Die Nachfrage nach Gütern und Dienstleistungen stellt die eine Marktseite dar, während das – in der Marktwirtschaft typischerweise von Unternehmen erbrachte – Angebot an Gütern und Dienstleistungen die andere Marktseite darstellt.

Güter können ganz unterschiedlich sein, z. B. physische/materielle Güter oder immaterielle Güter. Wirtschaftsgüter sind durch drei Eigenschaften gekennzeichnet:

1. Sie eignen sich menschliche Bedürfnisse zu befriedigen.
2. Sie sind knapp (sie stehen nicht unbegrenzt zur Verfügung).

3. Sie können von einem Wirtschaftssubjekt auf ein anderes übertragen werden, z. B. durch Verkauf (Austausch, Handel).

3. Hinweise zur Lösung

Wirtschaftsgüter sind also nützlich, die Bedürfnisse von Menschen zu bedienen. Da sie nicht in ausreichendem Maß zur Verfügung stehen, muss das Individuum über ihren Einsatz entscheiden. Das Treffen dieser Auswahlentscheidung – für ein Gut A entscheiden und nicht für ein Gut B – nennt man auch Wirtschaften. I. d. R. schließt die Verwendung eines Guts für ein Bedürfnis eine Verwendung zu einem anderen Zweck aus. Die Knappheit drückt sich im Markt bspw. durch Preise aus: Je knapper ein Gut ist, desto höher ist sein Preis. Die Zahlungsbereitschaft eines Konsumenten steigt, je knapper dieser das Gut empfindet bzw. je wichtiger ihm die Bedürfnisbefriedigung erscheint. Das Budget des Individuums ist begrenzt, z. B. durch sein Einkommen, sodass nicht unbegrenzt Güter zur Bedürfnisbefriedigung gekauft werden können. Das Individuum muss also Wirtschaften.

Das Verhalten der Menschen hängt von ihren Bedürfnissen ab. Wirtschaftliche Betätigung dient dem Zweck menschliche Bedürfnisse zu befriedigen. Unternehmen interessiert bspw. das Verhalten ihrer Mitarbeiter. Wie können Mitarbeiter motiviert werden, die Unternehmensziele zu verfolgen und entsprechend zu handeln? Dazu müsste das Unternehmen die Motive/Ziele/Bedürfnisse der Mitarbeiter kennen. Mitarbeiterführung kann gelingen, wenn man die Bedürfnisse der Mitarbeiter kennt. Im Marketing sind die Bedürfnisse der Kunden von Interesse. Wie können Kunden motiviert werden, unsere Produkte zu kaufen?

4. Literaturempfehlungen

Maslow, A.: „A Theory of Human Motivation." Psychological review 50(4), 1943, S. 370–396
Jung, S. 4 ff., S. 963 ff.
Schierenbeck/Wöhle, S. 3 ff., S. 71 ff.
Thommen/Achleitner, S. 35 ff.

Aufgabe 2: Ökonomisches Prinzip

Wissen/Anwenden
Bearbeitungszeit: rund 5 Minuten

1. Aufgabenstellung

Was versteht man unter dem ökonomischen Prinzip und welche Teilausprägungen gibt es? Geben Sie für jede Teilausprägung ein praktisches Beispiel.

2. Lösung

Das ökonomische Prinzip ist die Grundlage des wirtschaftlichen Handelns: Die vorhandenen knappen Mittel sollen so eingesetzt werden, dass die verfolgten Ziele möglichst weitgehend erreicht werden. Dabei gibt es zwei Teilausprägungen:

Maximalprinzip: Bei gegebenem Mitteleinsatz soll eine möglichst große (maximale) Zielausprägung erreicht werden. Beispiele hierfür sind:

- Mit einer Tankfüllung möglichst weit fahren.
- Mit einem bestimmten Budget möglichst lange Urlaub machen oder möglichst weit wegfliegen.

Minimalprinzip: Eine bestimmte Zielausprägung soll mit möglichst geringem Mitteleinsatz erreicht werden. Beispiele hierfür sind:

- Eine bestimmte Strecke mit möglichst geringem Treibstoffverbrauch fahren.
- Möglichst günstig nach Thailand fliegen.

3. Hinweise zur Lösung

Es ist logisch nicht möglich, gleichzeitig Mitteleinsatz und Zielerreichung zu optimieren, weil dann die Vergleichsbasis fehlt. Daher ist es wichtig, Fragestellungen oder Entscheidungsprobleme sauber dem einen oder anderen Vorgehen zuzuordnen. Vgl. Paul, S. 32 f.

4. Literaturempfehlungen

Jung, S. 6 ff.
Paul, S. 32 ff.
Schierenbeck/Wöhle, S. 5 ff.
Thommen/Achleitner, S. 114 f.
Wöhe/Döring, S. 33 ff.

Aufgabe 3: Produktivität

Wissen
Bearbeitungszeit: rund 5 Minuten

1. Aufgabenstellung

Was versteht man unter Produktivität? Welches Problem stellt sich bei der Ermittlung und wie wird es typischerweise gelöst? Geben Sie mind. zwei Beispiele für Produktivitäten.

2. Lösung

Unter Produktivität versteht man das Verhältnis von mengenmäßiger Ausbringung (Output) zu mengenmäßigem Einsatz (Input):

$$\text{Produktivität} = \frac{\text{Ausbringungsmenge}}{\text{Einsatzmenge}}$$

Die Produktivität dient dazu, die Effizienz von Herstellungsprozessen zu beurteilen, z. B. um alternative Produktionsverfahren zu vergleichen. Die Schwierigkeit dabei ist die Zusammenfassung der verschiedenen Einsatzmengen: 10 Schrauben sind bspw. nicht mit einer Stunde Arbeitszeit aggregierbar. Die Konsequenz ist, dass Produktivitäten nicht als Gesamtproduktivität aller Einsatzfaktoren, sondern als Teilproduktivitäten jeweils eines Einsatzfaktors ermittelt werden. Typische Beispiele sind

$$\text{Rohstoffproduktivität} = \frac{\text{Ausbringungsmenge}}{\text{Einsatzmenge eines Rohstoffs}}$$

$$\text{Arbeitsproduktivität} = \frac{\text{Ausbringungsmenge}}{\text{Arbeitszeit}}$$

$$\text{Maschinenproduktivität} = \frac{\text{Ausbringungsmenge}}{\text{Laufzeit der Maschinen}}$$

3. Hinweise zur Lösung

Da bei der Produktivität unterschiedliche Mengen ins Verhältnis gesetzt werden, ist die Maßeinheit (z. B. Stück/kg oder Stück/h) sehr wichtig.

Dieses Aggregationsproblem kann sich auch beim Zähler der Produktivität stellen (und nicht nur beim Nenner): Wenn in einem Produktionsprozess mehrere Produkte gleichzeitig entstehen, können diese ggf. auch nicht aggregiert werden. Die Konsequenz ist die gleiche: Man kann die Einsatzmenge nur auf die Ausbringungsmenge eines Produkts beziehen.

4. Literaturempfehlungen

Jung, S. 31 ff
Paul, S. 32 ff.
Thommen/Achleitner, S. 114 f.
Wöhe/Döring, S. 33 ff.

Aufgabe 4: Wirtschaftlichkeit

Wissen
Bearbeitungszeit: rund 5 Minuten

1. Aufgabenstellung

Was versteht man unter Wirtschaftlichkeit? Wie hängen Produktivität und Wirtschaftlichkeit zusammen?

2. Lösung

Unter Wirtschaftlichkeit versteht man das Verhältnis der bewerteten Ausbringungsmenge (Output) zu der bewerteten Einsatzmenge (Input); begrifflich entspricht die bewertete Ausbringungsmenge einem Ertrag, die bewertete Einsatzmenge einem Aufwand:

$$\text{Wirtschaftlichkeit} = \frac{\text{bewertete Ausbringungsmenge}}{\text{bewertete Einsatzmenge}} = \frac{\text{Ertrag}}{\text{Aufwand}}$$

Bewertung bedeutet, dass die jeweilige Menge mit ihrem Preis multipliziert wird. Die Produktivität ist das Mengengerüst, das durch die Bewertung mit den jeweiligen Preisen zur Wirtschaftlichkeit erweitert wird. Das hat zwei Folgen:

Zum einen stehen im Zähler und Nenner Geldeinheiten, d. h. die Wirtschaftlichkeit ist ein reiner Verhältniswert ohne eigene Mengeneinheit.

Zum anderen löst die Bewertung das Aggregationsproblem, das bei der Produktivität besteht: Geldeinheiten sind vergleichbar und können daher addiert werden. Die Wirtschaftlichkeit kann zwar auch als Teilwirtschaftlichkeit für einzelne Produktionsfaktoren berechnet werden, es macht aber meist mehr Sinn eine Gesamtwirtschaftlichkeit, d. h. den gesamten Ertrag und den gesamten Aufwand eines Geschäfts- oder Produktionsprozesses ins Verhältnis zu setzen.

Veränderungen der Produktivität, d. h. des Mengengerüsts wirken daher unmittelbar auch auf die Wirtschaftlichkeit, sofern es keine Preisänderungen gibt. Preisänderungen können eine Produktivitätsänderung sowohl verstärken, wenn sie gleichläufig sind, als auch kompensieren, wenn sie gegenläufig sind.

Werden in die Wirtschaftlichkeit noch weitere Einsatzfaktoren mit ihren bewerteten Mengen einbezogen, so können Veränderungen dieser Mengen oder Preise zu unterschiedlichen Entwicklungen zwischen (Teil-)Produktivität und (Gesamt-)Wirtschaftlichkeit führen.

3. Hinweise zur Lösung

Betriebswirtschaftliche Einführungsveranstaltungen starten häufig mit der Erläuterung zentraler ökonomischer Begriffe – hier geht es um den Begriff Wirtschaften – und wie diese Begriffe gemessen/operationalisiert werden können.

4. Literaturempfehlungen

Jung, S. 31 ff.

Paul, S. 32 ff.

Thommen/Achleitner, S. 114 f.

Wöhe/Döring, S. 33 ff.

Aufgabe 5: Begriffsabgrenzungen – I

Anwenden

Bearbeitungszeit: rund 10 Minuten

1. Aufgabenstellung

Nachfolgend finden Sie 13 Geschäftsvorfälle, die während des Monats Oktober in der Industrie AG aufgetreten sind. Tragen Sie in die untenstehende Tabelle die Höhe der Auszahlungen, Ausgaben, Aufwendungen, Kosten sowie Einzahlungen, Einnahmen, Erträge und Leistungen (in €) für den Monat Oktober ein.

(1) Der monatliche Versicherungsbeitrag für ein Firmenfahrzeug in Höhe von 1.200 € wird von der Industrie AG im Oktober überwiesen.

(2) Das Unternehmen spendet an eine politische Partei in Höhe von 5.000 € (in bar).

(3) Erstellung und Versand einer Rechnung für im Oktober erbrachte technische Beratungsleistungen an ein verbundenes Unternehmen in Höhe von 116.000 €.

(4) Forderungseingang in Höhe von 20.000 €. Sie stammen von einem Großkunden, der für diesen Betrag im Juli von der Industrie AG Waren bezogen hatte.

(5) Verkauf einer bereits völlig abgeschriebenen Maschine für 10.000 €. Dem Abnehmer wird ein Zahlungsziel bis Ende November gewährt.

(6) Barverkauf einer nicht mehr benötigten Laderampe für 15.000 €. Die Rampe war mit 10.000 € unter der Position „Maschinen und maschinelle Anlagen" in der Bilanz aktiviert.

(7) Zahlung von 45.000 € für die Löhne und Gehälter des Monats Oktober.

(8) Anzahlung eines Kunden für ein Großprojekt in Höhe von 40.000 €.

(9) Die Industrie AG begleicht die Rechnung eines Lieferanten, der dem Unternehmen im September für 80.000 € Rohstoffe geliefert hatte.

(10) Die Hälfte der im September gelieferten Rohstoffe (vgl. Teilaufgabe 9) wird in der Produktion verbraucht.

(11) Die Industrie AG tilgt einen Kredit bei der Bank in Höhe von 40.000 €.

(12) Fertigstellung eines Hochregallagers (durch eigene Mitarbeiter), das von der Industrie AG selbst genutzt werden soll, im Wert von 60.000 € (nur Aktivierung).

(13) Verkauf von im Oktober produzierten Waren im Wert von 80.000 €. Der Kunde zahlt bar.

Tabelle 1: Klassifikation von Geschäftsvorfällen

Geschäftsvorfälle der Industrie AG im Monat Oktober; alle Werte in €							
Auszahlung	Ausgabe	Aufwand	Kosten	Einzahlung	Einnahme	Ertrag	Leistung
1							
2							
3							
4							
5							
6							
7							
8							
9							
10							
11							
12							
13							

2. Lösung

Tabelle 2: Begriffsabgrenzungen Lösungen

	Geschäftsvorfälle der Industrie AG im Monat Oktober; alle Werte in €							
	Auszahlung	Ausgabe	Aufwand	Kosten	Einzahlung	Einnahme	Ertrag	Leistung
1	1.200	1.200	1.200	1.200				
2	5.000	5.000	5.000					
3						116.000	116.000	116.000
4					20.000			
5						10.000	10.000	
6			10.000		15.000	15.000	15.000	
7	45.000	45.000	45.000	45.000				
8					40.000			
9	80.000							
10			40.000	40.000				
11	40.000							
12							60.000	60.000
13					80.000	80.000	80.000	80.000

3. Hinweise zur Lösung

Einzahlungen/Auszahlungen sind Veränderungen der vorhandenen Zahlungsmittel, d. h. des Kassenbestands oder der Bankkonten.

Ausgaben/Einnahmen sind Veränderungen des Netto-Finanzvermögens (auch Geldvermögen). Das Netto-Finanzvermögen umfasst die Zahlungsmittel zuzüglich der Forderungen abzüglich der Verbindlichkeiten.

Aufwendungen/Erträge sind Veränderungen des Nettovermögens (auch Reinvermögens). Das Nettovermögen umfasst sämtliche Vermögensgegenstände abzüglich sämtlicher Schulden; bilanziell entspricht das Nettovermögen dem Eigenkapital.

Kosten/Leistungen sind betriebszweckbezogene Veränderungen des Nettovermögens; weitergehend lässt sich zwischen neutralem Aufwand und Zweckaufwand einerseits sowie Grundkosten und kalkulatorischen Kosten andererseits unterscheiden (analog für die Erträge/Leistungen).

4. Literaturempfehlungen

Coenenberg et al., S. 12 ff.

Joos, S. 118 ff.

Jung, S. 1028 ff.

Schierenbeck/Wöhle, S. 617 ff.

Wöhe/Döring, S. 643 ff

Aufgabe 6: Begriffsabgrenzungen – II

Wissen/Anwenden
Bearbeitungszeit: rund 5 Minuten

1. Aufgabenstellung

Überprüfen Sie die nachfolgende Aussage auf ihre Richtigkeit: „Durch die Aufnahme eines Bankkredites in Höhe von 20.000 € kann gleichzeitig der Unternehmensgewinn um diesen Betrag gesteigert werden."

2. Lösung

Die Aussage ist falsch. Die Aufnahme eines Bankkredits steigert die Liquidität, nicht jedoch den Unternehmensgewinn, da kein Erfolgskonto betroffen ist (d. h. es zu keiner Veränderung des Nettovermögens kommt). Der hierfür zu bildende Buchungssatz lautet: Bank an Verbindlichkeiten (gegenüber Kreditinstituten).

3. Hinweise zur Lösung

Diese Begriffsunterscheidungen haben nicht nur eine lange Tradition und gehen letztlich auf Schmalenbach zurück, sie sind für vielfältige weitere Themen relevant: Buchführung, Bilanzierung, Kosten- und Leistungsrechnung, Investitionsrechnung, Finanzierung – sie alle greifen auf diese elementaren Unterscheidungen zurück. Das Verständnis für diese Begriffe ist in vielen Kernbereichen der Betriebswirtschaftslehre unverzichtbar.

4. Literaturempfehlungen

Coenenberg et al., S. 12 ff.

Joos, S. 118 ff.

Jung, S. 1028 ff.

Schierenbeck/Wöhle, S. 617 ff.

Wöhe/Döring, S. 643 ff

Aufgabe 7: Rentabilitätskennzahlen

Wissen/Anwenden
Bearbeitungszeit: rund 10 Minuten

1. Aufgabenstellung

Der Jahresabschluss eines selbständigen Gartenbauunternehmers für die letzten zwei Jahre X1 und X2 stellt sich wie folgt dar:

Was versteht man unter Eigenkapital-, Gesamtkapital- und Umsatzrendite? Berechnen Sie diese für den untenstehenden Abschluss für jeweils beide Jahre.

Tabelle 3: Kurzbilanz Franz Grabmeier e. K. (Aufgabe 7)

Kurzbilanz von Franz Grabmeier e. K. der letzten zwei Jahre (in T€):					
Aktiva	**X1**	**X2**	**Passiva**	**X1**	**X2**
Grundstück	25	25	Eigenkapital	70	100
Sachanlagen	130	100	Rückstellungen	5	5
Vorräte	20	15	Bankschulden	110	80
Forderungen	20	80	VB aus L + L	10	30
Kasse	5	0	sonstige VB	5	5
Bilanzsumme	**200**	**220**	**Bilanzsumme**	**200**	**220**

Tabelle 4: Kurz-GuV Franz Grabmeier e. K. (Aufgabe 7)

Gewinn- und Verlustrechnung (in T€)	Jahr X1	Jahr X2
Umsatzerlöse	580	615
– Materialaufwand	220	240
– Personalaufwand	180	190
– Abschreibungen	30	30
– Miete/Raumaufw.	5	5
– Werbeaufwand	5	5
– KFZ und Reparaturen	30	20
– sonst. betriebliche Aufwendungen	20	20
– Zinsaufwand	5	5
= Gewinn	85	100

2. Lösung

$$\text{Eigenkapitalrendite} = \frac{\text{Gewinn}}{\text{Eigenkapital}} \text{ in \%}$$

Die Eigenkapitalrendite stellt die Verzinsung des Eigenkapitals, d. h. des den Eigentümern der Gesellschaft zustehenden Kapitals, dar (auch Eigenkapitalrentabilität; englischer Begriff: Return on Equity ROE).

$$\text{Gesamtkapitalrendite} = \frac{\text{Gewinn} + \text{Zinsaufwand}}{\text{Eigenkapital} + \text{Fremdkapital}} \text{ in \%}$$

Die Gesamtkapitalrendite stellt die Verzinsung des gesamten eingesetzten Kapitals dar (auch Gesamtkapitalrentabilität; englischer Begriff: Return on Assets ROA). Da der Zinsaufwand – die Vergütung für das Fremdkapital – den Gewinn gemindert hat, muss er zur Ermittlung der Gesamtkapitalrendite wieder hinzugezählt werden.

$$\text{Umsatzrendite} = \frac{\text{Gewinn}}{\text{Umsatz}} \text{ in \%}$$

Die Umsatzrendite stellt die Rendite des operativen Geschäfts dar, d. h. wie viele Cent bleiben von einem € Umsatz als Gewinn übrig (auch Umsatzrentabilität; englischer Begriff: Return on Sales ROS). Diese Berechnung ist unabhängig von der Höhe des eingesetzten Kapitals.

Dies ergibt für das obige Beispiel:

	X1	**X2**
Eigenkapitalrendite	$\dfrac{85}{70} \approx 121\,\%$	$\dfrac{100}{100} = 100\,\%$
Gesamtkapitalrendite	$\dfrac{85+5}{200} = 45\,\%$	$\dfrac{100+5}{220} \approx 48\,\%$
Umsatzrendite	$\dfrac{85}{580} \approx 15\,\%$	$\dfrac{100}{615} \approx 16\,\%$

3. Hinweise zur Lösung

Hier wurden Nachsteuer-Renditen ermittelt, d. h. eine Betrachtung unter Einbeziehung aller Aufwendungen gewählt; dies ist typischerweise die Sichtweise des Investors der seine Nettorendite mit anderen Anlageformen vergleichen will. Will man, z. B. aus Sicht der Unternehmensleitung sein Unternehmen mit anderen Unternehmen vergleichen, ist es häufig sinnvoll (sofern die Unternehmen einer unterschiedlichen Steuerbelastung unterliegen) mit Vorsteuerwerten zu rechnen, da diese die betriebliche Leistungsfähigkeit ohne den ggf. verzerrenden Einfluss der steuerlichen Regelungen zeigen.

4. Literaturempfehlungen

Bacher, S. 148 ff.
Jung, S. 1080 ff.
Schierenbeck/Wöhle, S. 76 ff.
Thommen/Achleitner, S. 570 f. und S. 639 ff.
Wöhe/Döring, S. 613 ff. und S. 861 f.

Aufgabe 8: Leverage-Effekt – I

Wissen/Anwenden
Bearbeitungszeit: rund 10 Minuten

1. Aufgabenstellung

Der Jahresabschluss eines selbständigen Gartenbauunternehmers für die letzten zwei Jahre X1 und X2 stellt sich wie in Tabelle 5 dar.

Was versteht man unter dem Leverage-Effekt? Zeigen Sie den Leverage-Effekt an obigem Abschluss, wenn Sie von einer Fremdkapitalverzinsung von 5 % ausgehen.

Tabelle 5: Kurzbilanz Franz Grabmeier e. K. (Aufgabe 8)

Kurzbilanz von Franz Grabmeier e. K. der letzten zwei Jahre (in T€):					
Aktiva	**X1**	**X2**	**Passiva**	**X1**	**X2**
Grundstück	25	25	Eigenkapital	70	100
Sachanlagen	130	100	Rückstellungen	5	5
Vorräte	20	15	Bankschulden	110	80
Forderungen	20	80	VB aus L + L	10	30
Kasse	5	0	sonstige VB	5	5
Bilanzsumme	**200**	**220**	**Bilanzsumme**	**200**	**220**

Tabelle 6: Kurz-GuV Franz Grabmeier e. K. (Aufgabe 8)

Gewinn- und Verlustrechnung (in T€)	Jahr X1	Jahr X2
Umsatzerlöse	580	615
– Materialaufwand	220	240
– Personalaufwand	180	190
– Abschreibungen	30	30
– Miete/Raumaufw.	5	5
– Werbeaufwand	5	5
– KFZ und Reparaturen	30	20
– sonst. betriebliche Aufwendungen	20	20
– Zinsaufwand	5	5
= Gewinn	85	100

2. Lösung

Der Leverage-Effekt stellt einen (statischen) Zusammenhang zwischen Eigenkapital-rendite und Verschuldungsgrad her:

$$R_{EK} = R_{GK} + \frac{FK}{EK}(R_{GK} - i)$$

wobei

R_{EK} = Eigenkapitalrendite in %

R_{GK} = Gesamtkapitalrendite in %

FK = (absoluter Wert des) Fremdkapital(s)

EK = (absoluter Wert des) Eigenkapital(s)

i = (durchschnittlicher) Fremdkapitalzinssatz in %

Fall 1: Die Erhöhung des Verschuldungsgrads (= Substitution von EK durch FK) führt zu einer Erhöhung der Eigenkapitalrendite R_{EK}, sofern die Gesamtkapitalrendite R_{GK} **größer** ist als der durchschnittliche Fremdkapitalzinssatz ($\mathbf{R_{GK} > i}$), d. h. es besteht ein positiver Effekt zwischen Verschuldungsgrad und Eigenkapitalrendite.

Fall 2: Umkehrung von Fall 1: Die Erhöhung des Verschuldungsgrads führt zu einer Verminderung der Eigenkapitalrendite, sofern die Gesamtkapitalrendite **kleiner** ist als der durchschnittliche Fremdkapitalzinssatz ($\mathbf{R_{GK} < i}$).

Setzt man den in Aufgabe 7 ermittelten Wert für die Gesamtkapitalrendite für Jahr X2 und die angenommene Fremdkapitalverzinsung in die Formel ein und nimmt – beispielhaft – an, dass 50 T€ Eigenkapital durch Fremdkapital ersetzt werden, so ergibt das Folgendes:

$$R_{EK} = R_{GK} + \frac{FK}{EK}(R_{GK} - i) = 48\% + \frac{120 + 50}{100 - 50}(48\% - 5\%) = 194\%$$

Somit gilt der Leverage-Effekt: Die Gesamtkapitalrendite ist mit 48 % größer als der Fremdkapitalzinssatz mit 5 %; in der Konsequenz führt eine Substitution von Eigenkapital durch Fremdkapital von z. B. 50 T€ zu einer Erhöhung der Eigenkapitalrendite von 100 % auf 194 %.

3. Literaturempfehlungen

Bacher, S. 148 ff.

Jung, S. 801 ff.

Schierenbeck/Wöhle, S. 94 ff.

Thommen/Achleitner, S. 570 f. und S. 639 ff.

Wöhe/Döring, S. 613 ff. und S. 861 f.

Aufgabe 9: Leverage-Effekt – II

Wissen
Bearbeitungszeit: rund 5 Minuten

1. Aufgabenstellung

Was sind die Voraussetzungen und Grenzen des Leverage-Effekts?

2. Lösung

Die Voraussetzungen für einen positiven Zusammenhang sind, dass die Gesamtkapitalrendite höher ist als die Verzinsung des Fremdkapitals ist (siehe oben unter Aufgabe 8), und dass die einzige Variable der Verschuldungsgrad ist.

Diese Voraussetzungen oder Annahmen sind sehr streng und treffen in der Wirklichkeit häufig nicht zu:

1. Zeitliche Stabilität nicht gegeben:

    Gesamtkapitalrendite und Fremdkapitalverzinsung schwanken meist im Zeitablauf. Dies kann von den allgemeinen Konjunkturzyklen abhängen, von Zinserhöhungs- oder -senkungszyklen der Zentralbanken oder auch von der Entwicklung des Unternehmens selbst. In der Regel sind die Werte nur kurzfristig konstant, aber mittel- und vor allem langfristig flexibel. Damit kann sich im Zeitablauf ein positiver Leverage-Effekt in einen negativen umkehren (und umgekehrt).

2. Unabhängigkeit von Fremdkapitalverzinsung vom Verschuldungsgrad nur bedingt gegeben:

    Das Modell geht davon aus, dass der Fremdkapitalzinssatz unabhängig vom Verschuldungsgrad ist, d. h. dass die Banken immer zum gleichen Zinssatz bereit sind, Geld zu leihen, unabhängig davon, wieviel Geld bereits verliehen wurde. Das wird in der Regel nicht der Fall sein. Das Risiko der Kreditgewährung steigt für die Banken, je geringer die Eigenkapitalausstattung des Unternehmens bzw. je höher der Verschuldungsgrad des Unternehmens ist, da das Eigenkapital die Haftmasse im Insolvenzfall darstellt. Typischerweise steigt der Zinssatz, je höher der Verschuldungsgrad wird, zumindest dann, wenn eine bestimmte Eigenkapitalausstattung unterschritten wird. Durch den steigenden Zinssatz wird aber eine Erhöhung der Verschuldung weniger interessant, da ein positiver Leverage-Effekt bei steigendem Zinssatz kleiner bzw. sogar negativ wird.

3. Verwendung historischer Daten

    Typischerweise werden für die Ermittlung des Leverage-Effekts Daten aus der Finanzbuchhaltung bzw. aus dem Jahresabschluss verwendet. Diese bilden immer die Vergangenheit ab. Schlüsse auf die Zukunft sind nur möglich, wenn von ansonsten unveränderten Bedingungen ausgegangen wird. Das ist möglich, die Zukunft kann sich auch anders entwickeln; daher unterliegen die Analysen den allgemeinen Unsicherheiten der zukünftigen Entwicklung.

3. Hinweise zur Lösung

Beim Leverage-Effekt erhöht sich nur die Eigenkapitalrendite. Der absolute Jahresüberschuss sinkt, da das zusätzliche Fremdkapital verzinst werden muss. Für das obige Beispiel aus Aufgabe 8:

Der Jahresüberschuss ist in der Ausgangslage 100 T€. Nach Substitution ist der Jahresüberschuss (bei Vernachlässigung von Steuereffekten):

$$100 \text{ T€} - \text{zusätzlicher Zinsaufwand } 2{,}5 \text{ T€ } (50\text{T€} \times 5\,\%) = 97{,}5 \text{ T€}$$

Da der Jahresüberschuss aber relativ weniger abnimmt (−2,5 %) als das Eigenkapital (−50 %), steigt die Eigenkapitalrendite!

Diese Aufgabe deckt einen Teil der „Grundlagen des Rechnungswesens" ab; im Rahmen dieses Teilgebiets werden typischerweise weitere Kennzahlen wie z. B. Liquiditätskennzahlen und Begriffsunterscheidungen wie Aufwand vs. Kosten betrachtet.

4. Literaturempfehlungen

Bacher, S. 148 ff.

Schierenbeck/Wöhle, S. 94 ff.

Thommen/Achleitner, S. 570 f. und S. 639 ff.

Wöhe/Döring, S. 613 ff. und S. 861 f.

3 Managementprozess

Aufgabe 1: Managementprozess/Überblick – I

Wissen
Bearbeitungszeit: rund 15 Minuten

1. Aufgabenstellung

Aus welchen Elementen/Phasen besteht der Managementprozess? Beschreiben Sie diese kurz.

2. Lösung

Der Managementprozess besteht aus fünf Phasen:
1. Zielsetzung
2. Planung
3. Entscheidung
4. Umsetzung/Aufgabenübertragung
5. Kontrolle

Das verbindende Element aller Phasen ist Kommunikation, die das gesamte Unternehmen betrifft. Hierbei geht es sowohl um die Kommunikation der Mitarbeiter und Führungskräfte untereinander als auch um die Führung der Mitarbeiter durch die Führungskräfte.

Zielsetzung
Der erste Schritt für eine rationale Unternehmensführung ist eine explizite Zielsetzung, die als Grundlage dient, um die Unternehmenstätigkeiten auf diese Ziele hin auszurichten. Eigenschaften von Zielen sind:
- die Zielsetzungsinstanz (wer soll das Ziel verfolgen?),
- der Zielinhalt (was ist das Ziel?),
- das Zielausmaß (in welchem Umfang soll das Ziel erreicht werden?),
- der Zeitbezug (bis wann soll das Ziel erreicht werden?),
- die Zielbeziehungen zu anderen Zielen,
- und die Rangordnung oder Bedeutung des Ziels im Zielsystem.

Bestehen Zielkonflikte im Zielsystem durch konkurrierende oder im Extremfall sich ausschließende Ziele, so ist es die Aufgabe der Unternehmensleitung diese Konflikte soweit wie möglich zu lösen und zu einem (möglichst) widerspruchsfreien Zielsystem zu gelangen.
Dabei sind die Ziele möglichst klar und eindeutig zu beschreiben; zu einer konkreten Zielbeschreibung gehören:

DOI 10.1515/9783110481822-003

- Motivationsfunktion: Ein Ziel soll einen Impuls zur Verbesserung der gegenwärtigen Situation geben.
- Realitätsbezug: Ein Ziel soll erreichbar sein, sonst leidet die Motivation derer, die das Ziel erreichen sollen.
- Widerspruchsfreiheit: Gibt es mehrere Ziele, sollten diese nicht konkurrieren oder sich gegenseitig ausschließen (s. o.).
- Verständlichkeit: Ist ein Ziel nicht verständlich für diejenigen, die es erreichen sollen, wird das Ziel nur zufällig erreicht werden.
- Kontrollierbarkeit: Um ein vollständiges Durchlaufen des Managementprozesses zu ermöglichen oder zu erleichtern, sollte eine Zielerreichung möglichst leicht kontrollierbar sein.

Planung

Planung kann man verstehen als die gedankliche Vorwegnahme zukünftiger Handlungen zur Vorbereitung zielgerichteter Entscheidungen.

Die Planung dient der Konkretisierung oder Operationalisierung der Zielsetzung. Dabei heißt planen, die Durchführung bestimmter Maßnahmen oder Handlungen anzunehmen und dann aufgrund der Kenntnis der betrieblichen Zusammenhänge abzuschätzen, wie sich diese auf den Geschäftsablauf und die daraus resultierenden Ergebnisse und Kennzahlen auswirken.

Zu unterscheiden ist insbesondere der Planungshorizont, d. h. für welchen Zeitraum plant man, und die Planungstiefe, d. h. mit welcher Genauigkeit plant man. Dabei ist die strategische Planung eher langfristig und global bzw. weniger detailliert, während die operative Planung kurzfristig ausgerichtet ist und einen höheren Detaillierungsgrad hat.

Besondere Bedeutung hat die Koordination von Teilplänen: Im Rahmen eines Planungsprozesses entsteht meist eine Unternehmensplanung, die das gesamte Unternehmen abbildet. In der Regel werden aber neben dieser umfassenden Planung Teilpläne für die unterschiedlichen hierarchischen Ebenen erstellt, d. h. neben der Unternehmensplanung gibt es Bereichsplanungen und Abteilungsplanungen. Eine besondere Herausforderung ist es sicherzustellen, dass diese Teilplanungen widerspruchsfrei zueinander sind und zu den jeweils übergeordneten Planungen passen. Dazu gibt es drei Verfahren:

- Top-Down-Planung: Es wird zunächst die Unternehmensplanung erstellt und aus dieser werden (nur) durch weitere Detaillierung die erforderlichen Teilpläne abgeleitet.
- Bottom-Up-Planung: Es werden zunächst die Teilpläne auf unterster Ebene erstellt und dann zu den höheren hierarchischen Einheiten hin aggregiert. Hierbei entstehende Widersprüche müssen gelöst werden.
- Gegenstrom-Planung/Top-Down-Bottom-Up-Planung: Es wird zunächst eine weniger detaillierte Rahmenplanung erstellt, die Top-Down in Teilpläne aufgeteilt wird. Eine detaillierte Feinplanung erfolgt dann Bottom-Up von der untersten hierarchischen Einheit nach oben.

Entscheidung

Entscheiden bedeutet aus mehreren Handlungsalternativen eine auszuwählen. Bei einer rationalen Entscheidung sollte diese Alternative die verfolgten Ziele möglichst gut verwirklichen.

Dabei lassen sich folgende Arten von Entscheidungen unterscheiden:

- Entscheidungen bei Sicherheit: Sämtliche Handlungskonsequenzen sind vollständig bekannt, d. h. die Zukunft lässt sich vorhersagen; dies ist natürlich in den meisten Fällen unrealistisch.
- Entscheidungen unter Risiko: Alle Alternativen und alle möglichen Umweltzustände sind bekannt; außerdem sind für die Umweltzustände die Wahrscheinlichkeiten ihres Eintretens bekannt.
- Entscheidungen unter Unsicherheit: Alle Alternativen und alle möglichen Umweltzustände sind bekannt, nicht jedoch die Eintrittswahrscheinlichkeiten.

Wesentliche Elemente einer Entscheidung sind in der Entscheidungstheorie daher

- die vorhandenen Alternativen,
- mögliche Umweltzustände, die sich auf die Ergebnisse, die mit den Alternativen erzielt werden, auswirken können und
- eine Zielfunktion (oder allgemeiner: eine Zielvorstellung), die optimiert werden soll.

Die Kombination aus Alternativen, möglichen Umweltzuständen und den sich daraus ergebenden Ergebnissen ist das sogenannte Entscheidungsfeld.

Umsetzung/Aufgabenübertragung

Hat man sich für eine Alternative entschieden, gilt es, diese Alternative umzusetzen. In einem arbeitsteiligen Unternehmen ist dabei die Hauptfrage, an wen welche Aufgaben wie übertragen werden.

Im Rahmen der Aufgabenübertragung ist zu klären:

- Was soll das Ergebnis der Aufgabe sein (bzw. welches Ziel wird mit der Aufgabe verfolgt)?
- Bis wann ist die Aufgabe zu erledigen und wieviel Zeit steht zur Verfügung?
- Wie soll die Aufgabe erledigt werden? Gibt es Vorgaben zur Vorgehensweise oder Methodik?
- Welche Hilfsmittel können, dürfen oder müssen eingesetzt werden?
- Wo soll die Aufgabe erledigt werden?

Wird die Übertragung einer Aufgabe akzeptiert, ist das auch Ausdruck, dass der die Aufgabe Übernehmende die Autorität des die Aufgabe Übertragenden akzeptiert. Dabei lassen sich die folgenden Autoritätstypen unterscheiden:

- Formelle Autorität aufgrund Gesetz oder Unternehmensorganisation.
- Fachliche Autorität aufgrund von Kenntnissen oder Führungsfähigkeit.

– Persönliche Autorität aufgrund Durchsetzungs-/Überzeugungskraft, Integrität oder Akzeptanz bei den Mitarbeitern.

Kontrolle

Bei einer Kontrolle wird verglichen, ob und in welchem Umfang mit den umgesetzten Maßnahmen die angestrebten Ziele erreicht wurden. Typischerweise ist eine Kontrolle daher ein Soll-Ist-Vergleich. Neben der Feststellung des Umfangs der Zielerreichung dient die Ermittlung von möglichen Abweichungen dazu, künftige Maßnahmen zu verbessern. Nur dann, wenn durch das Feststellen von Abweichungen oder Fehlern, die Möglichkeit zur Verbesserung bzw. zum Lernen genutzt wird, kann das Potenzial von Kontrollen ausgeschöpft werden.

Bei einer Kontrolle lassen sich folgende Unterscheidungen treffen:
– Kontrollsubjekt: Wer kontrolliert (Selbst- oder Fremdkontrolle)?
– Kontrollprozesse: Wie sind die Kontrollabläufe gestaltet?
– Kontrollinstrumente: Welche Methoden werden zur Kontrolle eingesetzt?
– Kontrollbereiche/Kontrollobjekt: Was wird kontrolliert (z. B. Prämissenkontrolle, Zielkontrolle, Ergebniskontrolle, Verhaltenskontrolle)?

3. Hinweise zur Lösung

Diese Antwort ist aus didaktischen Gründen ausführlicher, als eine Antwort im Rahmen einer Klausur typischerweise ausfallen kann. Zudem könnten – aufgrund der offenen Fragestellung – auch andere Aspekte der Teilbereiche des Management-prozesses angeführt werden; dies wäre ebenso richtig.

4. Literaturempfehlungen

Jung, S. 174 ff.
Schierenbeck/Wöhle, S. 113 ff.
Thommen/Achleitner, S. 50 ff. und 915 ff.
Wöhe/Döring, S. 47 ff.

Aufgabe 2: Managementprozess/Überblick – II

Wissen
Bearbeitungszeit: rund 5 Minuten

1. Aufgabenstellung

Wie hängen die Phasen des Managementprozess zusammen?

2. Lösung

Die fünf Phasen des Managementprozesses sind durch Kommunikation bzw. Führung verbunden und bauen logisch und im Ablauf aufeinander auf: Zunächst müssen die Ziele festgelegt und anschließend den Planungsverantwortlichen mitgeteilt werden. Die Planungsverantwortlichen führen die Planung durch und schaffen damit die Grundlage für rationale Entscheidungen. Die Planungsergebnisse werden dann den Entscheidungsträgern mitgeteilt, die (im Idealfall) aus den Alternativen die bestmögliche auswählen. Die für die Umsetzung Verantwortlichen verteilen dann die Aufgaben und nach erfolgter Umsetzung werden die Ergebnisse kontrolliert. Auf Basis der Kontrollergebnisse beginnt der Prozess erneut.

Dieser Kreislauf ist zwar sachlogisch zwingend, läuft aber nicht unbedingt vollständig so ab. So kann man z. B. im Rahmen der Planung feststellen, dass die Zielsetzung unrealistisch, nicht vollständig oder in anderer Weise fehlerhaft ist. In diesem Fall wird man normalerweise im Ablauf zurückspringen und zunächst die Zielsetzung korrigieren, um dann in die folgenden Phasen einzutreten. Oder man stellt z. B. im Rahmen der Aufgabenübertragung fest, dass die in der Planung entwickelten Maßnahmen nicht oder nur unter Verletzung anderer Ziele umsetzbar sind. Dann wird man ggf. die Planung anpassen, was unter Umständen zu einer anderen Entscheidung führen kann.

3. Literaturempfehlungen

Schierenbeck/Wöhle, S. 113 ff.
Thommen/Achleitner, S. 50 ff. und 915 ff.
Wöhe/Döring, S. 47 ff.

Aufgabe 3: Managementprozess/Planungsprozess

Wissen
Bearbeitungszeit: rund 15 Minuten

1. Aufgabenstellung

Hinsichtlich der Planungsprozesse in Unternehmen kann unter anderem zwischen einer Top-Down-Planung und einer Bottom-Up-Planung unterschieden werden. Erläutern Sie diese beiden Formen der Planung und gehen Sie dabei auch auf die jeweiligen Stärken und Schwächen ein.

2. Lösung

Bei der Erstellung einer Gesamtplanung ist die Integration der Pläne auf verschiedenen Leitungsebenen im Sinne einer vertikalen Koordination von großer Bedeutung.

Die Verknüpfung der Teilpläne zu einem Gesamtplan kann dabei unter anderem Top-Down oder Bottom-Up erfolgen.

Top-Down-Planung (retrograde Planung)
Hier werden die hierarchisch nachgeordneten (Bereichs- und Stellen-)Pläne stufenweise „von oben nach unten" aus dem übergeordneten Gesamtplan des Unternehmens abgeleitet.
Stärken der Top-Down-Planung:
- Das Gesamtsystem Unternehmen wird bei der Erstellung der (Teil-)Pläne adäquat berücksichtigt.
- Dies hat zur Folge, dass die einzelnen Zielsetzungen und Planinhalte in hohem Maße der Gesamtzielsetzung bzw. der Gesamtplanung des Unternehmens entsprechen.

Schwächen der Top-Down-Planung:
- Die Unternehmensführung ist bei der Erstellung eines Gesamtplans für das Unternehmen nur begrenzt in der Lage, konkrete und sinnvolle Ziele und Planinhalte zu definieren, ohne deren Realisierbarkeit im Rahmen der nachgeordneten Teilplanungen überprüft zu haben.
- Das Problem der Konkretisierung und Detaillierung von Teilplänen hat oftmals die Bildung von umfangreichen und teuren Planungsstäben/-abteilungen mit einer Tendenz zur Zentralplanung zur Folge.
- Die Zentralisierung des Planungsprozesses behindert eine Beteiligung der nachgeordneten Führungs-/Planungsebenen am Planungsprozess. Hieraus resultiert eine eingeschränkte Leistungs- und Kooperationsbereitschaft – und mithin eine geringe Motivation – der nachgeordneten Ebenen. Auch deren fachliche Eignung und Wissensstand werden nicht immer angemessen berücksichtigt.

Bottom-Up-Planung (progressive Planung)
Der Gesamtplan des Unternehmens wird schrittweise „von unten nach oben" aus den hierarchisch nachgeordneten Teilplänen entwickelt.
Stärken der Bottom-Up-Planung:
- Die Beteiligung der nachgeordneten Planungsebenen führt zu einer erhöhten Motivation im Rahmen des Planungsprozesses sowie bei der Umsetzung der Pläne.
- Die beteiligten Planungsträger sind „näher am Tagesgeschäft" und daher besser mit den konkreten Problemen vertraut.
- Durch die Einbeziehung der unteren Planungsebenen ist eine größere Vollständigkeit und Genauigkeit der Planungsinhalte zu erwarten.

Schwächen der Bottom-Up-Planung:
- Ein Vorgehen von der Planungsbasis hinauf zur Unternehmensspitze birgt eine verstärkte Gefahr horizontaler Planungskonflikte.

- Ein dezentral geprägter Planungsprozess kann zu einer komplexeren Zielabstimmung mit Blick auf das Gesamtzielsystem führen.
- Im Hinblick auf die (teilweise) Bewältigung der oben genannten Probleme ist mit einem erhöhten Kommunikationsbedarf zu rechnen.

3. Hinweise zur Lösung

Eine weitere Möglichkeit der vertikalen Koordination von Plänen auf verschiedenen Planungsebenen ist das Gegenstromverfahren, eine Kombination aus einem Top-Down- und einem Bottom-Up-Vorgehen. Dabei erfolgt der erste Planungsdurchgang nach dem Top-Down-Verfahren; in einem zweiten Schritt werden dann die dabei erstellten Pläne Bottom-Up zu übergeordneten Plänen bis hin zum Gesamtplan des Unternehmens integriert. Damit versucht man, die Schwächen der beiden beschriebenen Planungen (teilweise) zu überwinden.

Die Planung als zweite Phase des Managementprozesses stellt eine Art „Bindeglied" zwischen der Zielsetzung und der Entscheidung/Umsetzung dar. Insbesondere die Abstimmung der verschiedenen Teilplanungen im Unternehmen (sowohl horizontal als auch – wie in der vorliegenden Aufgabe thematisiert – vertikal) stellt eine große Herausforderung für Unternehmen dar.

4. Literaturempfehlungen

Bea/Schweitzer, Band 2, S. 63 ff.

Jung, S. 180 ff.

Schierenbeck/Wöhle, S. 147 ff.

Wöhe/Döring, S. 78 ff.

Aufgabe 4: Managementprozess/Entscheidungstheorie – I

Anwenden
Bearbeitungszeit: rund 10 Minuten

1. Aufgabenstellung

Die Midia GmbH möchte einen neuen Standort in den Ballungszentren Deutschlands eröffnen. Der Controller unterscheidet vier mögliche Konjunkturentwicklungen, ist aber nicht in der Lage, hierfür Wahrscheinlichkeiten anzugeben. Er hat für die vier in Frage kommenden Standorte in Abhängigkeit von der jeweiligen Wirtschaftsentwicklung folgende Jahresüberschüsse prognostiziert:

Tabelle 7: Alternativen zur Entscheidung (Entscheidungsfeld)

Alle Werte in €	S1	S2	S3	S4
A1: Berlin	−100.000	−40.000	0	+150.000
A2: Hamburg	−80.000	−30.000	+10.000	+80.000
A3: München	−120.000	−40.000	+10.000	+70.000
A4: Karlsruhe	−60.000	+20.000	−20.000	+30.000

S1: Wirtschaft schrumpft
S2: Wirtschaft stagniert
S3: Wirtschaft wächst bis einschließlich 2 %
S4: Wirtschaft wächst über 2 %

Wählen Sie anhand der Minimax-, Maximax-, Laplace- und Hurwicz-Regel (Optimismusparameter = 0,3) die jeweils optimale Entscheidung aus.

Begründen Sie, welche Entscheidungsregeln für einen risikoneutralen bzw. einen risikofreudigen Entscheider optimal sind.

2. Lösung

Vorabeingrenzung: München wird von dem Standort Hamburg dominiert (d. h. dass Hamburg in jedem Umweltzustand bessere Ergebnisse aufweist als München) und kann von der Betrachtung ausgeschlossen werden.
(a) Minimax: Standort Karlsruhe mit dem Wert −60.000 €

Tabelle 8: Lösung Minimax

Alle Werte in €	S1	S2	S3	S4
A1: Berlin	−100.000	−40.000	0	+150.000
A2: Hamburg	−80.000	−30.000	+10.000	+80.000
~~A3: München~~	~~−120.000~~	~~−40.000~~	~~+10.000~~	~~+60.000~~
A4: Karlsruhe	−60.000	+20.000	−20.000	+30.000

(b) Maximax: Standort Berlin mit dem Wert +150.000 €

Tabelle 9: Lösung Maximax

Alle Werte in €	S1	S2	S3	S4
A1: Berlin	−100.000	−40.000	0	+150.000
A2: Hamburg	−80.000	−30.000	+10.000	+80.000
A4: Karlsruhe	−60.000	+20.000	−20.000	+30.000

(c) Laplace: Standort Berlin mit dem Wert +2.500 €

Tabelle 10: Lösung Laplace

Alle Werte in €	S1	S2	S3	S4	Durchschnitt
A1: Berlin	−100.000	−40.000	0	+150.000	+2.500
A2: Hamburg	−80.000	−30.000	+10.000	+80.000	−5.000
A4: Karlsruhe	−60.000	+20.000	−20.000	+30.000	−7.500

(d) Hurwicz: Standort Hamburg mit dem Wert − 32.000 €

Tabelle 11: Lösung Hurwicz

Alle Werte in €	S1	S2	S3	S4	Hurwicz 0,3
A1: Berlin	−100.000	−40.000	0	+150.000	−35.000
A2: Hamburg	−80.000	−30.000	+10.000	+80.000	−32.000
A4: Karlsruhe	−60.000	+20.000	−20.000	+30.000	−33.000

Ein risikoneutraler Entscheider wählt die Laplace-Regel (mit dem Ergebnis Berlin). Grundsätzlich wäre auch die Anwendung der Hurwicz-Regel mit einem Optimismus-parameter in Höhe von 0,5 möglich (was in dieser Aufgabenstellung mit 0,3 jedoch nicht gegeben war). Ein risikofreudiger Entscheider wählt die Maximax-Regel mit dem Ergebnis Berlin (150.000 €).

3. Hinweise zur Lösung

Minimax bedeutet, dass zunächst pro Alternative die ungünstigste Entwicklung aus-gewählt wird. Anschließend wird die Alternative mit der am wenigsten ungünstigen Entwicklung gewählt (d. h. die Zeilen**mini**ma werden **max**imiert). Dieses Verfahren wird gewählt, wenn der Entscheider risikoscheu ist, d. h. Risiken soweit wie möglich vermeiden will.

Maximax bedeutet, dass zunächst pro Alternative die günstigste Entwicklung ausgewählt wird. Gewählt wird die Alternative mit der günstigsten Entwicklung (d. h. die Zeilen**maxi**ma werden **max**imiert). Dieses Verfahren wird gewählt, wenn der Ent-scheider risikofreudig ist, d. h. Chancen soweit wie möglich nutzen will.

Laplace bedeutet, dass alle Szenarien gleich gewichtet werden und demzufolge ein Erwartungswert pro Alternative über alle Szenarien berechnet wird. Dann wird die Alternative mit dem höchsten Erwartungswert gewählt. Dieses Verfahren wird gewählt, wenn der Entscheider risikoneutral ist.

Hurwicz bedeutet, dass Minimax und Maximax kombiniert werden. Mit einem Optimismus-Parameter α werden die Zeilenmaxima und die Zeilenminima gewichtet:

$$Hu_i = \alpha \times max_i + (1 - \alpha) \times min_i$$

Aufgrund der Gewichtung kann dieses Verfahren einfach an die Risikneigung des Entscheiders angepasst werden.

Im Rahmen des Managementprozesses ist Entscheiden eine wesentliche Funktion. Die Entscheidungstheorie liefert einen formalen Rahmen, wie rationale Entscheidungen getroffen werden können.

4. Literaturempfehlungen

Bamberg et al., S. 67 ff.

Jung, S. 192 ff.

Thommen/Achleitner, S. 940 ff.

Wöhe/Döring, S. 88 ff.

Aufgabe 5: Managementprozess/Aufgabenübertragung

Wissen
Bearbeitungszeit: rund 15 Minuten

1. Aufgabenstellungen

Die Übertragung von Aufgaben ist ein wichtiges Element der Führung und Organisation von Unternehmen. Erläutern Sie
a) die wesentlichen Grundsätze der Aufgabenübertragung,
b) die zentralen Fragen, die bei der Aufgabenübertragung geklärt werden sollten, sowie
c) die drei prinzipiellen Autoritätsquellen (mit je einem Beispiel) des Aufgabenverteilers.

2. Lösungen

Zu a)
Im Rahmen der Übertragung von Aufgaben sind insbesondere die folgenden vier Grundsätze zu beachten.
1. Grundsatz der Klarheit
   Aufgaben müssen so übertragen werden, dass allen Beteiligten die (sie betreffenden) Aufgabeninhalte sowie die Aufgabenverteilung klar sind.
2. Grundsatz der Vollständigkeit
   Bei der Übertragung von Aufgaben sollten alle für die Aufgabenerfüllung relevanten Informationen vermittelt werden, um auf diese Weise möglichst Rückfragen oder spätere Ergänzungen zu vermeiden.

3. Grundsatz der Begründbarkeit
   Die Aufgabenübertragung sollte begründet sein, insbesondere dann, wenn sich ihr Sinn dem Empfänger nicht offensichtlich aus der Situation heraus erschließt.
4. Grundsatz der Angemessenheit
   Die zu übertragende Aufgabe sollte in Bezug auf den Empfänger angemessen sein, d. h. sie sollte diesen nicht (dauerhaft) über- oder unterfordern.

Zu b)

Um den Grundsätzen der Klarheit und der Vollständigkeit zu entsprechen, sollten im Rahmen der Aufgabenübertragung insbesondere die folgenden Fragen geklärt werden:

- Ergebnis: Was soll das Resultat der Aufgabenerfüllung sein, welche Ziele sollen erreicht werden?
- Zeit: Wann sollte die Bearbeitung der Aufgaben beginnen, wann sollte sie abgeschlossen sein? Wieviel Zeit steht für die Bearbeitung der Aufgabe insgesamt zu Verfügung?
- Vorgehen: Wie soll die Aufgabe bearbeitet werden? Gibt es bestimmte Vorgehensweisen oder Probleme, die zu berücksichtigen sind?
- Hilfsmittel: Welche Hilfsmittel (Instrumente, Methoden, etc.) können/müssen bei der Aufgabenbearbeitung verwendet werden?
- Ort: Wo soll die Aufgabe bearbeitet werden (im Unternehmen, beim Kunden, etc.)?

Zu c)

Um eine Aufgabe übertragen zu können, muss der Aufgabenverteiler eine entsprechende Autorität (im Sinne von Macht, Einfluss auf den Aufgabennehmer auszuüben) verfügen. Dabei können die folgenden Autoritätsquellen eine Rolle spielen:

Institutionelle (formale) Autorität: Diese ergibt sich aus der Verteilung von Verantwortlichkeiten und Kompetenzen im Unternehmen. Beispiele hierfür sind

- Rechtsgrundlagen, wonach der Arbeitgeber über ein Direktionsrecht verfügt und der Arbeitnehmer einer Gehorsams- bzw. Folgepflicht unterliegt,
- die Unternehmensorganisation, aus der sich Über- und Unterordnungsverhältnisse ergeben,
- soziale Normen, die in der Gesellschaft oder dem Unternehmen begründet sind.

Fachliche Autorität: Eine erfolgreiche Aufgabenübertragung setzt oftmals das Vertrauen der Mitarbeiter in die fachliche Eignung des Vorgesetzten voraus. Diese beruht z. B. auf

- Fachwissen, aufgrund dessen der Vorgesetzte klare Weisungen geben und Problemlösungsvorschläge machen kann,
- Führungsfähigkeiten, im Sinne der Kompetenzen, die zur Mitarbeiterführung erforderlich sind.

Persönliche Autorität: Diese zielt auf die zwischenmenschlichen Beziehungen zwischen Vorgesetzten und Mitarbeitern ab, wie etwa

- die Mitarbeiterbehandlung, z. B. mit Blick auf eine „gerechte und gleiche" Behandlung aller Mitarbeiter,
- die Integrität, die sich in einer Art Vorbildfunktion des Vorgesetzten widerspiegeln kann,
- die Durchsetzungskraft, die nicht zuletzt auf der persönlichen Ausstrahlung des Vorgesetzten beruht.

3. Hinweise zu den Lösungen

Die Aufgabenübertragung dient, nachdem der Prozess der Willensbildung (in Form von Zielsetzung, Planung und Entscheidung) durchgeführt wurde, primär der Willensdurchsetzung. Die Übertragung von Aufgaben ist ein zentrales Element der Führung. Sie umfasst die institutionellen, prozessualen und instrumentalen Aspekte, welche der Willenskundgebung eines Vorgesetzten, der Willensübertragung und der Willensübernahme der unterstellten Mitarbeiter zum Zweck der Realisierung gewählter Handlungsalternativen dienen (Rühli 1993, S. 18).

4. Literaturempfehlung

Thommen/Achleitner, S. 943 ff.

Aufgabe 6: Managementprozess/Kontrolle

Wissen
Bearbeitungszeit: rund 15 Minuten

1. Aufgabenstellung

Die Kontrolle ist ein wichtiges Element im Rahmen der Führung von Unternehmen. Erläutern Sie zunächst den Begriff, die Bereiche sowie die Phasen der Kontrolle und erklären Sie dann kurz die Grundsätze der Kontrolle.

2. Lösung

Zum Begriff Kontrolle
Unter Kontrolle versteht man im Rahmen des Managementprozesses einen geordneten, laufenden, informationsverarbeitenden Prozess zur Ermittlung und Analyse von Abweichungen zwischen Plangrößen (hierbei kann es sich um Vorgabe- oder Prognosewerte handeln) und Vergleichsgrößen. Sie hat den Zweck, unternehmerisches Handeln zu überwachen und Probleme bei der Erreichung von Zielen zu identifizieren.

Kontrollbereiche

Im Rahmen der Kontrolle können unter anderem die folgenden Kontrollbereiche unterschieden werden:

- Zielkontrolle: Hier gilt es zu überprüfen, ob die formulierten und gesetzten Ziele realistisch sind und ob sie nicht zu hoch bzw. zu tief angesetzt wurden.
- Prämissenkontrolle: Unternehmerisches Denken und Handeln basiert stets auf Prämissen (Annahmen/Voraussetzungen). Diese Prämissen sind im Hinblick darauf zu analysieren, inwieweit sie richtig waren bzw. im Zeitverlauf korrekt geblieben sind.
- Maßnahmen-/Mittelkontrolle: Bei der Maßnahmen-/Mittelkontrolle wird untersucht, ob die ergriffenen Maßnahmen zur Zielerreichung geeignet und ob die eingesetzten Mittel ausreichend und zweckmäßig sind.
- Ergebniskontrolle: Diese Art der Kontrolle zielt auf die Ermittlung von Abweichungen zwischen den vorgegebenen Sollgrößen und den tatsächlich eingetretenen Resultaten der unternehmerischen Aktivitäten ab.
- Verhaltenskontrolle: Verhaltenskontrolle umfasst die Analyse des Verhaltens von Mitarbeitern, z. B. bezüglich Kollegen, Vorgesetzten, Kunden und anderen relevanten Interessengruppen (Stakeholdern).
- Führungskontrolle: Die Führung des Unternehmens bzw. von Unternehmenseinheiten muss hinsichtlich der Führungsprozesse, der Führungsorganisation und der Führungsinstrumente überprüft werden.

Phasen der Kontrolle

Die Kontrolle lässt sich in abgrenzbare Prozessphasen einteilen, die im Folgenden am Beispiel des Soll-Ist-Vergleichs (im Sinne einer Ergebniskontrolle) dargestellt werden:

- Vorgabe/Identifikation von Sollwerten: Die Vorgabe von Sollgrößen ist auf die Erreichung von Zielgrößen im Rahmen der Planumsetzung ausgerichtet.
- Ermittlung von Istwerten: Die tatsächlich erreichten Istwerte dienen – neben den Sollgrößen – zur Messung des Zielerreichungsgrades.
- Soll-Ist-Vergleich: Hier werden die erreichten Resultate (Istwerte) den gesetzten Zielen (Sollwerte) gegenübergestellt, um auf diese Weise den Ziel- /Planerfüllungsgrad zu ermitteln und ggf. Abweichungen zu identifizieren.
- Abweichungsanalyse: Im Rahmen der Abweichungsanalyse sollen die Ursachen für Abweichungen zwischen Soll- und Istwerten ermittelt werden.

Grundsätze der Kontrolle

Um den Kontrollprozess erfolgreich und zweckmäßig zu gestalten, muss dieser einer Reihe grundsätzlicher Anforderungen entsprechen:

- Grundsatz der Relevanz: Die Kontrolle sollte sich nur auf Bereiche beziehen, die für den Erfolg des Unternehmens von Bedeutung sind.
- Grundsatz der Genauigkeit: Konkrete und präzise Aussagen über das Kontrollobjekt setzen ausreichend genaue Kontrollergebnisse voraus.

- Grundsatz der Aktualität: Die Kontrolle sollte sich auf die aktuelle Situation (und nicht auf die Vergangenheit) beziehen.
- Grundsatz der Eindeutigkeit: Kontrollergebnisse müssen Mitarbeitern, Abteilungen, Bereichen etc. eindeutig zugerechnet werden können, insbesondere auch im Hinblick auf die Zuordnung der Verantwortlichkeiten.
- Grundsatz der Effizienz: Der für die Kontrolle entstehende Aufwand muss in einem sinnvollen Verhältnis zum aus den Kontrollaktivitäten zu erwartenden Nutzen stehen.

3. Hinweise zur Lösung

Häufig stehen die Grundsätze der Genauigkeit und der Aktualität zumindest teilweise in Konflikt, da größere Genauigkeit oftmals mit mehr Aufwand, insbesondere Zeitaufwand verbunden ist, d. h. höhere Genauigkeit wird häufig nur zu Lasten der Aktualität der Daten erreicht werden können. Dieser Zielkonflikt existiert auch in vielen anderen Bereichen, z. B. in der Planung.

Die Kontrolle stellt bei der formalen Darstellung des Managementprozesses typischerweise die abschließende Phase dar. Es ist jedoch zu beachten, dass Kontrollprozesse den gesamten Managementprozess (den Umsetzungsprozess eingeschlossen) begleiten.

4. Literaturhinweise

Bea/Schweitzer, S. 95 ff.

Jung, S. 202 ff.

Thommen/Achleitner, S. 947 ff.

Wöhe/Döring, S. 153 ff.

4 Organisation

Aufgabe 1: Organisation/Entscheidungskompetenzen

Wissen
Bearbeitungszeit: rund 15 Minuten

1. Aufgabenstellung

Erläutern Sie – vor dem Hintergrund der Unternehmensorganisation – die Voraussetzungen sowie die Vor- und Nachteile einer Entscheidungsdezentralisation. Nennen Sie eine Organisationsform in der Praxis, die eine Tendenz zur Entscheidungsdezentralisation aufweist (mit Begründung). Erklären Sie darüber hinaus, was man unter dem Begriff Kontroll- bzw. Leitungsspanne versteht und von welchen Einflussfaktoren diese abhängt.

2. Lösung

Die Frage der Aufteilung der Entscheidungskompetenzen ist eines der wesentlichen Strukturierungsprinzipien der Organisation. Dabei ist zu klären, ob Entscheidungen zentral getroffen werden (Entscheidungszentralisation) oder ob sie (teilweise) an untergeordnete Hierarchieebenen delegiert werden (Entscheidungsdezentralisation).

Voraussetzungen einer Entscheidungszentralisation
Eine erfolgreiche Entscheidungsdezentralisation setzt (im Hinblick auf die erforderlichen personellen Ressourcen) eine ausreichende Zahl von Führungskräften mit
– angemessener fachlicher Qualifikation und
– dem erforderlichen Verantwortungsbewusstsein (vor dem Hintergrund der Reichweite der Entscheidungen) voraus.

Vorteile einer Entscheidungsdezentralisation sind z. B.
– die Entlastung der oberen Führungskräfte, da diese einen Teil ihrer Entscheidungsaufgaben abgeben können,
– die Motivation von Führungskräften der nachgeordneten Hierarchieebenen, da diese stärker an Entscheidungsprozessen teilhaben,
– die Förderung der Entwicklung der unteren Führungskräfte, da diese neue Aufgaben zu bewältigen haben,
– sachlich fundiertere Entscheidungen, da die einbezogenen Entscheider der unteren Führungsebenen oftmals eine größere sachliche und räumliche Nähe zu den Entscheidungsproblemen haben.

DOI 10.1515/9783110481822-004

Nachteile einer Entscheidungszentralisation sind z. B.
- die Gefahr einer uneinheitlichen Willensbildung, da die Entscheidungen in unterschiedlichen Entscheidungszentren getroffen werden,
- eine aufwändige Koordination der Entscheidungen, die in den dezentralen Bereichen getroffen werden,
- die erforderliche Anzahl an geeigneten Führungskräften, die eine grundlegende Voraussetzung für eine Entscheidungsdezentralisation darstellt (siehe oben).

Organisationsform mit einer Tendenz zur Entscheidungsdezentralisation:
Divisionale Organisation (Spartenorganisation)
Die Aufteilung des Unternehmens in Divisionen erfolgt meist objektorientiert; häufig sind das z. B. verschiedene Geschäftsfelder oder Regionen.

Um eine sinnvolle, spartenspezifische Führung der einzelnen Divisionen zu gewährleisten, ist eine Delegation von Entscheidungskompetenzen in die dezentralen Einheiten erforderlich.

Kontroll- bzw. Leitungsspanne
Unter der Kontroll- bzw. Leitungsspanne versteht man die Anzahl der Mitarbeiter, die einem Vorgesetzten unterstellt sind. Die Kontroll- bzw. Leitungsspanne hängt u. a. von folgenden Einflussfaktoren ab:
- Häufigkeit und Intensität der Kommunikation: Je häufiger und intensiver der Vorgesetzte mit seinen Mitarbeitern kommunizieren muss, desto geringer ist die mögliche Kontroll- bzw. Leitungsspanne.
- Unterstützung des Vorgesetzten: Je stärker der Vorgesetzte durch Stabsabteilungen oder Assistenten unterstützt wird, desto mehr Mitarbeiter kann er führen.
- Führungsstil: Während ein autoritärer Führungsstil sich negativ auswirkt, erlaubt ein partizipativer Stil eine größere Kontroll- bzw. Leitungsspanne (bei gleicher Kommunikationshäufigkeit).
- Eigenschaften der beteiligten Personen: Die fachliche Qualifikation sowie die Führungsfähigkeiten der beteiligten Personen haben erheblichen Einfluss auf die Kontroll- bzw. Leitungsspanne.
- Art der Aufgaben: Bei hochkomplexen, interdependenten und verschiedenartigen Aufgaben ist eine große Kontroll- bzw. Leitungsspanne kaum zu realisieren.
- Technologien: Eine Unterstützung durch Technologien (z. B. Informations- und Kommunikationstechnologien, aber auch Produktionstechnologien) kann zu einer Erhöhung der möglichen Kontroll- bzw. Leitungsspanne führen.
- Verfügbarkeit von Führungskräften: Ein knappes Angebot an geeigneten Führungskräften (sowohl unternehmensintern als auch auf dem externen Arbeitsmarkt) führt in der Praxis fast zwangsläufig zu einer höheren Kontroll- bzw. Leitungsspanne.

3. Hinweise zur Lösung

Fast alle Organisationsformen in der Praxis lassen sich auf die drei allgemeinen Strukturierungsgrundsätze
- Prinzip der Stellenbildung,
- Leitungsprinzip und
- Aufteilung der Entscheidungskompetenzen zurückführen.

4. Literaturempfehlungen

Bea/Schweitzer, S. 191 ff. und 230 ff.

Jung, S. 272 ff.

Thommen/Achleitner, S. 865 ff.

Wöhe/Döring, S. 107 ff. und 113 f.

Aufgabe 2: Organisation/Leitungsprinzipien

Wissen
Bearbeitungszeit: rund 15 Minuten

1. Aufgabenstellung

Erläutern Sie – vor dem Hintergrund der Unternehmensorganisation – die Leitungsprinzipien „Einliniensystem" und „Mehrliniensystem" und diskutieren Sie die Vor- und Nachteile dieser Prinzipien. Stellen Sie eine Organisationsform in der Praxis vor, bei der das Prinzip des Mehrliniensystems Anwendung findet (mit Begründung).

2. Lösung

Durch die Aufteilung von Führungs- und Ausführungsaufgaben (d. h. von Entscheidungen und deren Umsetzung) ergibt sich die Notwendigkeit, die Beziehungen zwischen Führungsstellen (Instanzen) und ausführenden Stellen zu definieren. Dabei lassen sich grundsätzlich zwei Arten von Beziehungen unterscheiden: Das Einliniensystem und das Mehrliniensystem.

Einliniensystem

Beim Einliniensystem ist jede Stelle genau einer Instanz unterstellt und erhält nur von dieser Instanz Anweisungen. Man spricht in diesem Zusammenhang auch vom Prinzip der Einheit der Auftragserteilung oder dem Prinzip der Einheit des Auftragsempfangs.

Vorteile des Einliniensystems:
- Beim Einliniensystem sind die Kommunikations- und Weisungsbeziehungen aufgrund der klaren Zuordnung von Stellen zu einer Instanz straff gestaltet.

- Durch die geringe Anzahl von Verbindungslinien ist die Struktur des Unternehmens sehr klar und übersichtlich.
- Es liegt eine klare Zuteilung (und damit Abgrenzung) von Kompetenzen und Verantwortung vor.

Nachteile des Einliniensystems:
- Einliniensysteme sind durch die starre Zuordnung relativ wenig flexibel.
- Folgt die Kommunikation ausschließlich den vorgegebenen, formalen Dienstwegen, so wird sie unter Umständen sehr langwierig und umständlich.
- Da die formale Kommunikation zwangsläufig über Zwischeninstanzen laufen muss, besteht die Gefahr einer Überlastung dieser Instanzen.

Mehrliniensystem
Beim Mehrliniensystem, das von Taylor zur Spezialisierung der Vorgesetzten auf Meisterebene entwickelt wurde, ist eine Stelle gleich mehreren Instanzen unterstellt. Es basiert auf dem Prinzip der Mehrfachunterstellung. Man spricht hier auch vom Prinzip des kürzesten Weges.
Vorteile des Mehrliniensystems:
- Auch auf der Ebene der Vorgesetzten besteht die Möglichkeit, Spezialisierungsvorteile auszunutzen.
- Durch die kurzen Dienstwege wird die Kommunikation weniger umständlich; die Instanzen werden entlastet.
- Die Berücksichtigung der individuellen Kompetenzen und Stärken der Beteiligten (insbesondere auch der Vorgesetzten) kann motivierend wirken.

Nachteile des Mehrliniensystems:
- Aufgrund der Arbeitsteilung auch auf der Instanzenebene besteht die Gefahr einer Aufgabenüberschneidung.
- Da Führungsaufgaben aufgeteilt werden, können vermehrt Kompetenz- und Verantwortlichkeitskonflikte entstehen. Diese können auch auf der ausführenden Ebene für Unklarheiten sorgen.
- Durch die Vielzahl der Beziehungen zwischen Stellen und Instanzen nimmt die Komplexität der Organisation bei wachsender Stellenzahl stark zu.

Das Mehrliniensystem in der Praxis
In der unternehmerischen Praxis findet das Mehrliniensystem z. B. in der Matrixorganisation Anwendung. Bei der Matrixorganisation handelt es sich um eine Mehrlinienorganisation, die sowohl verrichtungs- als auch objektorientiert ist und eine Tendenz zur Entscheidungsdezentralisation aufweist. Die organisatorischen Grunddimensionen beruhen in der Praxis oftmals auf einer funktionalen sowie einer produkt- oder projektorientierten Gliederung. Auf diese Weise entsteht ein System mit zwei sich kreuzenden Weisungslinien. Die betroffenen Stellen/

Mitarbeiter erhalten ihre Weisungen dabei sowohl vom Funktions- als auch vom Produkt-/Projektmanager.

3. Hinweise zur Lösung

Fast alle Organisationsformen in der Praxis lassen sich auf die drei allgemeinen Strukturierungsgrundsätze
- Prinzip der Stellenbildung,
- Leitungsprinzip (Einlinien- bzw. Mehrliniensystem) und
- Aufteilung der Entscheidungskompetenzen zurückführen.

4. Literaturempfehlungen

Bea/Schweitzer, S. 197 und 237 ff.
Jung, S. 281 ff.
Schierenbeck/Wöhle, S. 137 ff.
Thommen/Achleitner, S. 846 f., 870 f. und 881 ff.
Wöhe/Döring, S. 118 f.

Aufgabe 3: Organisation/Stelle

Wissen
Bearbeitungszeit: rund 10 Minuten

1. Aufgabenstellung

Erläutern Sie – vor dem Hintergrund der Unternehmensorganisation – den Begriff Stelle und gehen Sie dabei auch auf die verschiedenen Arten von Stellen ein.

2. Lösung

Zum Begriff Stelle
Als Stelle bezeichnet man die kleinste Organisationseinheit eines Unternehmens. Sie ist das Basiselement der Aufbauorganisation und umfasst verschiedene Teilaufgaben, die zusammen einen Aufgabenkomplex bilden. Eine Stelle bezeichnet den Aufgabenbereich einer Person (oder ggf. auch mehrerer), sie existiert jedoch unabhängig von ihrer Besetzung durch eine Person.

Arten von Stellen
- Ausführende Stellen: Ausführende Stellen sind auf der untersten Hierarchieebene des Unternehmens angesiedelt und haben keine eigene Weisungsbefugnis. Ihre Aufgabe besteht in erster Linie darin, die von den Instanzen getroffenen Entscheidungen umzusetzen.

–   Instanzen (Leitungsstellen): Instanzen sind anderen Stellen hierarchisch überge-
    ordnet und haben gegenüber diesen eine Weisungsbefugnis. Instanzen können
    wiederum anderen Instanzen unterstellt sein, von denen sie ihrerseits Weisun-
    gen erhalten.
–   Stabsstellen: Stabsstellen sind Stellen, die der Unterstützung und Entlastung von
    (zumeist oberen) Instanzen dienen. Sie sind insbesondere in die Vorbereitung
    von Führungsentscheidungen eingebunden. Stabsstellen verfügen über keine
    eigene (formelle) Weisungsbefugnis.
–   Zentralstellen: Zentralstellen erfüllen fachlich zentralisierte Aufgaben, die in
    mehreren Unternehmensbereichen anfallen. Typische Beispiele hierfür sind zen-
    trale Personal-, Rechts- oder IT-Abteilungen. Zentralstellen haben keine diszipli-
    narische, jedoch meist eine fachliche Weisungsbefugnis.

3. Hinweise zur Lösung

Die Bildung von Stellen auf Basis der Zusammenführung von Teilaufgaben sowie die
Zusammenfassung von Stellen zu Abteilungen etc. ist eine zentrale organisatorische
Aufgabe eines Unternehmens.

4. Literaturempfehlungen

Jung, S. 266 ff.
Thommen/Achleitner, S. 827 f.
Vahs/Schäfer-Kunz, S. 257 ff.
Wöhe/Döring, S. 107 ff.

Aufgabe 4: Organisation/Organisationsformen – I

Wissen/Anwenden
Bearbeitungszeit: rund 5 Minuten

1. Aufgabenstellung

Ordnen Sie die nachfolgende Grafik (Abbildung 2) ihrer Organisationsform zu und
zeigen Sie deren charakteristische Merkmale sowie die im Schrifttum diskutierten
Vor- und Nachteile auf.

2. Lösung

In Abbildung 2 handelt es sich um eine **Stablinienorganisation**, die eine Kombination zwischen Einlinien- und Mehrliniensystem ist. So sollen die Vorteile beider
Systeme genutzt werden: Die Einheitlichkeit der Leitung wird (im Sinne des Einliniensystems) beibehalten, jedoch werden Spezialaufgaben auf besonders qualifizierte

Stabsstellen verlagert (Mehrliniensystem), die die Linienstellen bei strategischen Entscheidungen beraten. Stabsstellen haben idealtypischerweise keine Weisungsbefugnis.

Abbildung 2: Organigramm 1

Vorteile des Stabliniensystems:
- Beibehaltung eines klaren, einheitlichen Instanzenweges.
- Einschaltung von Spezialisten für übergreifende Aufgaben möglich.
- Entlastung der Instanzen im Hinblick auf strategische Entscheidungen.
- Klare Zuständigkeiten.

Nachteile des Stabliniensystems:
- Hohes Konfliktpotenzial durch die Funktionstrennung von Entscheidungsvorbereitung und Entscheidung.
- Ein Stab trifft ggf. faktisch Entscheidungen, ohne diese später zu verantworten.
- Demotivation des Stabes durch die fehlende „offizielle" Entscheidungsbefugnis.
- Die Wirksamkeit der Stäbe hängt in hohem Maße von der Bereitschaft der Linieninstanzen zur Zusammenarbeit ab.

3. Hinweise zur Lösung

Die Gestaltung der Organisation eines Unternehmens ist eine zentrale Aufgabe der Unternehmensleitung. Resultierend aus der Arbeitsteilung und der daraus folgenden Stellenbildung kann die Aufbauorganisation nach verschiedenen Prinzipien erfolgen. Vor- und Nachteile einzelner Organisationsformen werden in dieser Aufgabe behandelt. Neben der Aufbauorganisation ist die Ablauforganisation, d. h. die Frage, in welcher Reihenfolge welche Arbeitsschritte erfolgen, eine wesentliches Element der Organisationsgestaltung.

4. Literaturempfehlungen

Paul, S. 241 ff.

Jung, S. 283 ff.

Schierenbeck/Wöhle, S. 140 ff.

Thommen/Achleitner, S. 865 ff.

Wöhe/Döring, S. 111 ff.

Aufgabe 5: Organisation/Organisationsformen – II

Wissen/Anwenden
Bearbeitungszeit: rund 5 Minuten

1. Aufgabenstellung

Ordnen Sie die nachfolgende Grafik (Abbildung 3) ihrer Organisationsform zu und zeigen Sie deren charakteristische Merkmale sowie die im Schrifttum diskutierten Vor- und Nachteile auf.

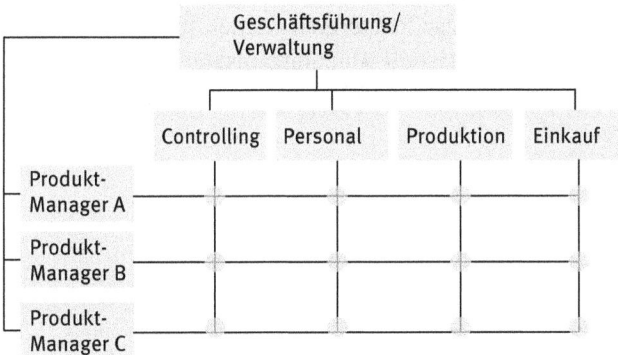

Abbildung 3: Organigramm 2

2. Lösung

In Abbildung 3 handelt es sich um eine **Matrixorganisation**. Eine Matrixorganisation ist eine mehrdimensionale Organisationsstruktur, in der zwei Leitungssysteme miteinander kombiniert und Abteilungen funktions- und objektorientiert gebildet werden.

Damit können zwei Sichtweisen einer Handlung im Entscheidungsprozess berücksichtigt werden. Es entstehen Stellen mit unterschiedlichen Aufgabenbereichen, die ohne Einschaltung der Unternehmensleitung Entscheidungen treffen können. Die (funktional ausgerichteten) Zentralabteilungen oder Zentralbereiche sind mit Weisungsbefugnis und Kompetenzen ausgestattet. Praktische Anwendung findet die Matrixorganisation insbesondere im Bereich des Produkt- und Projektmanagements. Vorteile der Matrixorganisation:

- Hohe Motivation der Mitarbeiter durch die Beteiligung an der Problemlösung.
- Möglichkeiten zur Spezialisierung.
- Entlastung der Führungsgremien durch Entscheidungsdelegation.
- Kurze Kommunikationswege.
- Unterschiedliche Sichtweise der zu lösenden Aufgaben.

Nachteile der Matrixorganisation:
- Unklare Unterstellungsverhältnisse.
- Komplexe Entscheidungsfindung.
- Hoher Kommunikations- und Informationsbedarf.
- Dauerkonflikte zwischen den Einheiten.

3. Hinweise zur Lösung

Die Gestaltung der Organisation eines Unternehmens ist eine zentrale Aufgabe der Unternehmensleitung. Resultierend aus der Arbeitsteilung und der daraus folgenden Stellenbildung kann die Aufbauorganisation nach verschiedenen Prinzipien erfolgen. Vor- und Nachteile einzelner Organisationsformen werden in dieser Aufgabe behandelt. Neben der Aufbauorganisation ist die Ablauforganisation, d. h. die Frage, in welcher Reihenfolge welche Arbeitsschritte erfolgen, eine wesentliches Element der Organisationsgestaltung.

4. Literaturempfehlungen

Paul, S. 241 ff.
Jung, S. 286 ff.
Schierenbeck/Wöhle, S. 141 ff.
Thommen/Achleitner, S. 865 ff.
Wöhe/Döring, S. 111 ff.

Aufgabe 6: Organisation/Organisationsformen – III

Wissen/Anwenden
Bearbeitungszeit: rund 5 Minuten

1. Aufgabenstellung

Ordnen Sie die nachfolgende Grafik (Abbildung 4) ihrer Organisationsform zu und zeigen Sie deren charakteristische Merkmale sowie die im Schrifttum diskutierten Vor- und Nachteile auf.

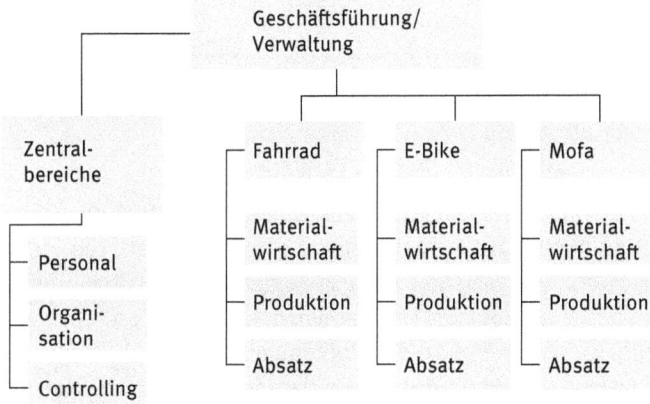

Abbildung 4: Organigramm 3

2. Lösung

Abbildung 4 stellt eine Sonderform des Stabliniensystems dar, die als **Spartenorganisation** oder auch **divisionalisierte Organisation** bezeichnet wird. In der Praxis wird sie vielfach in Großunternehmen zur Bewältigung der gestiegenen Anforderungen an den Entscheidungs- und Kommunikationsprozess eingesetzt. Die Gliederung des Gesamtunternehmens erfolgt nach dem Objektprinzip, sodass für einzelne Produktsegmente, Kundengruppen oder Regionen anpassungsfähige Unternehmensteilbereiche entstehen, die weitgehend autonom agieren (bspw. Fahrrad, E-Bike, Mofa oder auch Klein-, Kompakt-, Mittelklasse-, Oberklasse-Fahrzeuge).

Neben diesen eigenständigen Sparten existieren sogenannte Zentralabteilungen, die aus Gründen der Spezialisierung und der Größenvorteile bestimmte Funktionen für alle Sparten ausüben. Hier werden gleichartige Aufgaben (wie bspw. Personalwesen, Organisation, Controlling, Einkauf und Logistik) gebündelt und die Leistungen den Sparten zur Verfügung gestellt. Grundlegende Unterscheidungsmerkmale zu einer Stabsstelle sind darin zu sehen, dass die Zentralabteilung konkrete (Dauer-)Sachaufgaben übernimmt und innerhalb ihrer fachlichen Aufgaben auch über Weisungsbefugnis gegenüber den einzelnen Sparten verfügt.

Vorteile der Spartenorganisation:

– Hohe Motivation der Spartenleiter durch Übertragung von Verantwortung.
– Übersichtliche Organisationsstruktur.

- Klare Verantwortlichkeiten.
- Vergleichbarkeit und Wettbewerb der einzelnen Sparten untereinander.

Nachteile der Spartenorganisation:
- Gefahr von Lösungen, die zwar aus Spartensicht, nicht aber aus Unternehmenssicht optimal sind.
- Erheblicher Koordinationsaufwand.
- Kaum Ausnutzung von Synergieeffekten zwischen den Sparten möglich.
- Hoher Bedarf an gut ausgebildeten Führungskräften.

3. Hinweise zur Lösung

Die Gestaltung der Organisation eines Unternehmens ist eine zentrale Aufgabe der Unternehmensleitung. Resultierend aus der Arbeitsteilung und der daraus folgenden Stellenbildung kann die Aufbauorganisation nach verschiedenen Prinzipien erfolgen. Vor- und Nachteile einzelner Organisationsformen werden in dieser Aufgabe behandelt. Neben der Aufbauorganisation ist die Ablauforganisation, d. h. die Frage, in welcher Reihenfolge welche Arbeitsschritte erfolgen, eine wesentliches Element der Organisationsgestaltung.

4. Literaturempfehlungen

Jung, S. 285 ff.
Paul, S. 241 ff.
Thommen/Achleitner, S. 865 ff.
Wöhe/Döring, S. 111 ff.

5 Konstitutive Entscheidungen

Aufgabe 1: Konstitutive Entscheidungen/Standortwahl, Nutzwertanalyse – I

Wissen
Bearbeitungszeit: rund 5 Minuten

1. Aufgabenstellung

Beschreiben Sie die Technik/die Vorgehensweise der Nutzwertanalyse.

2. Lösung

Die Nutzwertanalyse (auch Scoring-Methode) ist ein Verfahren zur Entscheidungsunterstützung, wenn mehrere quantitative und qualitative Kriterien in eine Entscheidung einbezogen werden müssen.
Dazu sind folgende Schritte notwendig:
1. Festlegung der relevanten Entscheidungskriterien.
2. Gewichtung der Kriterien mit Prozentwerten, wobei die Summe aller Gewichte 100 % ergeben muss.
3. Festlegung möglicher Ausprägungen der Entscheidungskriterien und Operationalisierung in einer einheitlichen Skala (z. B. 1 sehr schlecht/gering bis 10 sehr stark/gut).
4. Bewertung der Handlungsalternativen hinsichtlich der Entscheidungskriterien.
5. Gewichtung der in 4. ermittelten Werte mit den in 2. festgelegten Prozentwerten; dies ergibt sogenannte Teilnutzwerte.
6. Addition aller Teilnutzwerte pro Handlungsalternative. Die Alternative mit dem höchsten Nutzwert erfüllt die Entscheidungskriterien insgesamt am besten.

3. Hinweise zur Lösung

Die Standortwahl gehört neben der Rechtsformwahl zu den typischen konstitutiven oder grundlegenden Entscheidungen, die für ein Unternehmen getroffen werden müssen. Zur Unterstützung der Entscheidung, in die meist mehrere quantitative und qualitative Kriterien einbezogen werden, werden unterschiedliche Verfahren eingesetzt. Die Nutzwertanalyse ist eines dieser Verfahren; es ist zwar in der Durchführung eventuell etwas aufwändiger als andere Verfahren, aber die verschiedenen Kriterien werden systematisch und transparent in die Entscheidung einbezogen.

4. Literaturempfehlungen

Jung, S. 77 ff.
Thommen/Achleitner, S. 104 ff.
Wöhe/Döring, S. 260 ff. und S. 329 f.

DOI 10.1515/9783110481822-005

Aufgabe 2: Konstitutive Entscheidungen/Standortwahl, Nutzwertanalyse – II

Transfer
Bearbeitungszeit: rund 5 Minuten

1. Aufgabenstellung

Die Metallbau GmbH ist ein mittelständischer Zulieferer der Automobilindustrie und sucht einen neuen Produktionsstandort. Es bieten sich folgende Handlungsalternativen an:

Tabelle 12: Alternativen Nutzwertanalyse (Aufgabe 2)

Merkmal des Standorts	Standort 1	Standort 2	Standort 3
Lage	Gewerbegebiet mit Autobahnanschluss (10 Punkte)	Mischgebiet, Autobahn in 10 km erreichbar (3 Punkte)	Gewerbegebiet, Autobahn in 25 km erreichbar (5 Punkte)
Fläche	6.000 qm (10 Punkte)	2.800 qm (4 Punkte)	3.000 qm (5 Punkte)
Kaufpreis/qm	500 €/qm (4 Punkte)	400 €/qm (8 Punkte)	300 €/qm (10 Punkte)
Expansionsmöglichkeiten	keine (0 Punkte)	gering (4 Punkte)	vorhanden (10 Punkte)
Auflagen zum Betrieb	keine (10 Punkte)	erheblich (2 Punkte)	gering (8 Punkte)

Finden Sie über die in der Tabelle genannten Standortfaktoren hinaus noch sechs weitere Kriterien, die aus Ihrer Sicht für das Entscheidungsproblem relevant sind.

2. Lösung

Mögliche weitere Kriterien können sein (nur beispielhaft):
- Arbeitsmarkt:
    - Verfügbarkeit von Mitarbeitern
    - Verfügbarkeit von bestimmten Qualifikationen
    - Lohnniveau
- Infrastruktur: technische Infrastruktur (z. B. Telekommunikation)
- Beschaffungsmarkt:
    - Nähe zu Lieferanten
    - Verfügbarkeit von Materialien
    - Preisniveau von Materialien
    - Preisniveau von Energie
- Absatzmarkt: Nähe zu Kunden

3. Hinweise zur Lösung

Die Standortwahl gehört neben der Rechtsformwahl zu den typischen konstitutiven oder grundlegenden Entscheidungen, die für ein Unternehmen getroffen werden müssen. Zur Unterstützung der Entscheidung, in die meist mehrere quantitative und qualitative Kriterien einbezogen werden, werden unterschiedliche Verfahren eingesetzt. Die Nutzwertanalyse ist eines dieser Verfahren; es ist zwar in der Durchführung eventuell etwas aufwändiger als andere Verfahren, aber die verschiedenen Kriterien werden systematisch und transparent in die Entscheidung einbezogen.

4. Literaturempfehlungen

Jung, S. 66 ff.
Thommen/Achleitner, S. 104 ff.
Wöhe/Döring, S. 260 ff. und S. 329 f.

Aufgabe 3: Konstitutive Entscheidungen/Standortwahl, Nutzwertanalyse – III

Anwenden
Bearbeitungszeit: rund 5 Minuten

1. Aufgabenstellung

Die Metallbau GmbH ist ein mittelständischer Zulieferer der Automobilindustrie und sucht einen neuen Produktionsstandort. Es bieten sich folgende Handlungsalternativen an:

Tabelle 13: Alternativen Nutzwertanalyse (Aufgabe 3)

Merkmal des Standorts	Standort 1	Standort 2	Standort 3
Lage	Gewerbegebiet mit Autobahnanschluss (10 Punkte)	Mischgebiet, Autobahn in 10 km erreichbar (3 Punkte)	Gewerbegebiet, Autobahn in 25 km erreichbar (5 Punkte)
Fläche	6.000 qm (10 Punkte)	2.800 qm (4 Punkte)	3.000 qm (5 Punkte)
Kaufpreis/qm	500 €/qm (4 Punkte)	400 €/qm (8 Punkte)	300 €/qm (10 Punkte)
Expansionsmöglichkeiten	keine (0 Punkte)	gering (4 Punkte)	vorhanden (10 Punkte)
Auflagen zum Betrieb	keine (10 Punkte)	erheblich (2 Punkte)	geringe (8 Punkte)

Führen Sie nun eine Nutzwertanalyse durch und gewichten Sie die oben genannten Standortfaktoren wie folgt:
- Lage: 25 %
- Fläche: 25 %
- Kaufpreis: 20 %
- Expansion: 15 %
- Auflagen: 15 %

2. Lösung

Tabelle 14: Lösung Nutzwertanalyse

Merkmal/ Standort	Gewicht	Standort 1		Standort 2		Standort 3	
		ungew.	gew.	ungew.	gew.	ungew.	gew.
Lage	25 %	10	2,5	3	0,75	5	1,25
Fläche	25 %	10	2,5	4	1,0	5	1,25
Kaufpreis/qm	20 %	4	0,8	8	1,6	10	2,0
Expansionsmöglichkeiten	15 %	0	0,0	4	0,6	10	1,5
Auflagen zum Betrieb	15 %	10	1,5	2	0,3	8	1,2
Nutzwert			**7,3**		**4,25**		**7,2**

ungew. = ungewichtet, gew. = gewichtet

Daraus ergibt sich, dass Standort 1 den höchsten Nutzwert hat und – auf Basis der gewählten Kriterien und Gewichtungen – der am besten geeignete Standort ist.

3. Hinweise zur Lösung

Die Standortwahl gehört neben der Rechtsformwahl zu den typischen konstitutiven oder grundlegenden Entscheidungen, die für ein Unternehmen getroffen werden müssen. Zur Unterstützung der Entscheidung, in die meist mehrere quantitative und qualitative Kriterien einbezogen werden, werden unterschiedliche Verfahren eingesetzt. Die Nutzwertanalyse ist eines dieser Verfahren; es ist zwar in der Durchführung eventuell etwas aufwändiger als andere Verfahren, aber die verschiedenen Kriterien werden systematisch und transparent in die Entscheidung einbezogen.

4. Literaturempfehlungen

Jung, S. 77 ff.
Thommen/Achleitner, S. 104 ff.
Wöhe/Döring, S. 260 ff. und S. 329 f.

Aufgabe 4: Konstitutive Entscheidungen/Rechtsformwahl und Kooperationen

Wissen/Anwenden
Bearbeitungszeit: rund 15 Minuten

1. Aufgabenstellungen

a) Stellen Sie die Haftungsregelungen und die Regelungen zur Leitungs- und Vertretungsbefugnis der nachfolgend genannten Rechtsformen dar:
   – Partnerschaftsgesellschaft
   – Kommanditgesellschaft auf Aktien
   – Unternehmergesellschaft

b) Beschreiben Sie kurz vier weitere wichtige Zielkriterien bei der Rechtsformwahl.

c) Zwei wohlhabende Kommilitonen aus der Fakultät für Technik möchten sich nach Abschluss ihres Studiums selbstständig machen und eine Gesellschaft bürgerlichen Rechts gründen. Welche Risiken sehen Sie?

d) Zeigen Sie die wesentlichen Unterschiede zwischen Kooperationen und Konzentrationen auf und nennen Sie hierzu Beispiele.

2. Lösungen

Zu a)

Partnerschaftsgesellschaft:
Vergleichbar zur OHG haften die Partner grundsätzlich gesamtschuldnerisch für die Verbindlichkeiten der Gesellschaft, die Partner leiten die Gesellschaft gemeinsam und es gilt zunächst der Grundsatz der Einzelvertretungsbefugnis. Allerdings sieht § 8 Abs. 2 PartGG eine gesetzliche Haftungskonzentration auf diejenigen Gesellschafter vor, die mit der Bearbeitung eines Auftrags befasst sind.

Hinweis
Seit 2013 ist gemäß § 8 Abs. 4 PartGG eine beschränkte Berufshaftung möglich: Wird eine entsprechende Berufshaftpflichtversicherung abgeschlossen und der Name der Partnerschaft um mbB (mit beschränkter Berufshaftung) ergänzt, so haften die Partner nur für allgemeine Verbindlichkeiten unbeschränkt, nicht aber für Verbindlichkeiten aus der Bearbeitung von Aufträgen.

Kommanditgesellschaft auf Aktien:
Die KGaA ist eine Mischform zwischen KG und Aktiengesellschaft. Die Leitungs- und Vertretungsbefugnis der KGaA liegt bei den Komplementären, die den Vorstand der KGaA bilden. Diese haben wegen ihrer gesamtschuldnerischen und unmittelbaren Haftung im Vergleich zum Vorstand einer AG eine stärkere Position. Bspw. wird der

Vorstand einer KGaA nicht vom Aufsichtsrat berufen oder abberufen. Im Gegensatz zu den vollhaftenden Komplementären haften die Kommanditaktionäre nicht persönlich für die Verbindlichkeiten der Gesellschaft. Ihre Haftung ist vergleichbar zur KG auf ihre Einlage beschränkt.

Unternehmergesellschaft:
Bei der Unternehmergesellschaft handelt es sich um eine Unterform der GmbH, die ohne gesetzlich bestimmtes Mindestkapital gegründet werden kann (§ 5a Abs. 1 GmbHG). Die Haftung ist auf die Höhe des Stammkapitals beschränkt, das die Gründer selbst festlegen. Die Leitungs- und Vertretungsbefugnis wird wie bei der GmbH durch den oder die Geschäftsführer vorgenommen.

Zu b)
- Rechtsformspezifische Aufwendungen (insbesondere Gründungsaufwand und -formalitäten),
- Erfolgs- und Risikobeteiligung,
- Kapitalbeteiligung und Unternehmenskontinuität,
- Flexibilität beim Ein- oder Austritt neuer Gesellschafter,
- Änderung der Beteiligungsverhältnisse,
- Pflichten zu Rechnungslegung, Prüfung und Publizität,
- Besteuerung,
- Finanzierungsmöglichkeiten.

Zu c)
- Gefahr der persönlichen Haftung (bspw. bei Schadensersatzansprüchen oder Bußgeldern gegen die GbR).
- Aufgrund hoher Haftungsrisiken ist die GbR für weitere Investoren relativ unattraktiv.
- GbR ohne schriftlichen Gesellschaftsvertrag kann zu Streitigkeiten und langen Verhandlungen beim späteren Ausscheiden eines Gesellschafters führen.

Zu d)
Abbildung 5 zeigt wesentliche Unterschiede zwischen Konzentrationen und Kooperationen auf:

Beispiele für Konzentrationen:
- Porsche und VW
- Edeka und Kaiser's Tengelmann

Beispiele für Kooperationen i. w. S.:
- McDonald's (Franchising)
- Lufthansa/Star Alliance mit Singapore Airlines
- Daimler AG und Bosch GmbH

3. Hinweise zu den Lösungen

Die Rechtsformwahl gehört neben der Standortwahl zu den typischen konstitutiven oder grundlegenden Entscheidungen, die für ein Unternehmen getroffen werden müssen. Dabei gibt der Gesetzgeber durch die gesetzlich möglichen Rechtsformen einen Rahmen vor; innerhalb dieses Rahmens muss anhand verschiedener Kriterien die für das Unternehmen beste Rechtsform gefunden werden. Darüber hinaus können Unternehmen in unterschiedlichsten Formen zusammenarbeiten, die mitunter auch langfristig angelegt sind.

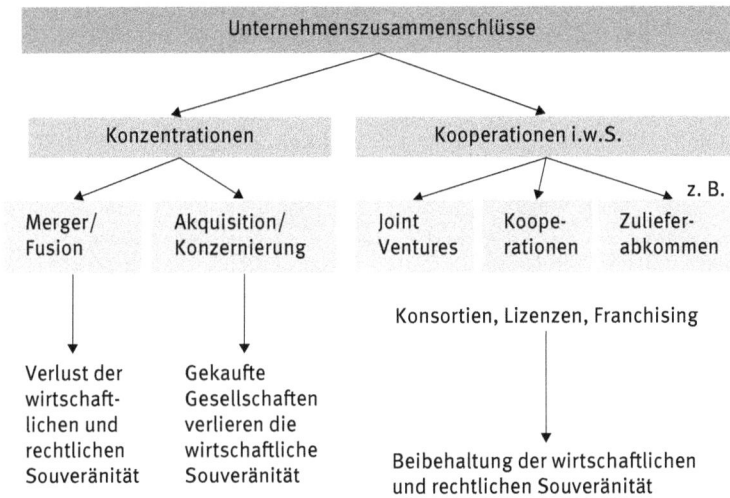

Abbildung 5: Überblick Unternehmenszusammenschlüsse

4. Literaturempfehlungen

Jung, S. 85 ff., S. 129 ff.

Paul, S. 196 ff.

Thommen/Achleitner, S. 75 ff.

Wöhe/Döring, S. 209 ff.

Aufgabe 5: Konstitutive Entscheidungen/Unternehmenszusammenschlüsse

Wissen/Anwenden
Bearbeitungszeit: rund 15 Minuten

1. Aufgabenstellungen

a) Welche typischen Ziele werden mit Unternehmenszusammenschlüssen verfolgt? Geben Sie je ein Beispiel.

b) Nach dem Grad der Bindung lassen sich Kooperation und Konzentration/Integration unterscheiden. Beschreiben Sie kurz diese beiden Formen von Unternehmenszusammenschlüssen. Geben Sie jeweils ein Beispiel und beschreiben Sie den jeweiligen Zweck und die Form des Zusammenschlusses.

c) Welche Formen von Unternehmenszusammenschlüssen lassen sich nach der Richtung des Zusammenschlusses unterscheiden? Beschreiben Sie diese kurz.

2. Lösungen

Zu a)

Mit Unternehmenszusammenschlüssen können typischerweise drei Ziele verfolgt werden:

1. Rationalisieren: Durch die höhere Anzahl an Geschäftsvorfällen, die sich aus dem Zusammenschluss ergibt, versucht man Kosteneinsparpotenziale zu nutzen. Dies kann z. B. durch sinkende Stückkosten aufgrund höherer Stückzahl (Fixkostendegression) oder durch eine bessere Kapazitätsauslastung gelingen. Werden Forschungs-/Entwicklungsaktivitäten zusammengelegt, kann versucht werden die Effizienz der Aktivitäten bzw. die Nutzung der Ergebnisse (z. B. durch beide beteiligten Unternehmen) zu verbessern.

2. Diversifizieren: Durch einen Unternehmenszusammenschluss können neue Geschäftsfelder erschlossen werden, um dadurch einerseits neue Erträge zu generieren, aber andererseits auch das Risiko des bestehenden Geschäfts zu vermindern. Die Erschließung neuer Märkte, z. B. die Expansion in neue Länder kann mithilfe eines Partnerunternehmens deutlich einfacher sein und das Risiko des bisherigen Geschäfts reduzieren (z. B. wenn die eigenen Produkte bisher primär in Europa vertrieben wurden und nun durch einen Partner auch in Amerika vertrieben werden).

3. Konzentrieren: Unternehmenszusammenschlüsse werden häufig auch genutzt, um die Machtposition der Unternehmen zu verbessern, d. h. um die relevanten Märkte stärker beeinflussen zu können. So kann ein höheres Einkaufsvolumen zur Realisierung niedrigerer Einkaufspreise oder anderer Liefervorteile genutzt werden. In vergleichbarer Form kann die höhere Marktmacht auf dem Absatzmarkt die Durchsetzung höherer Verkaufspreise ermöglichen. Häufig wird die

Machtposition eines Zusammenschlusses auch für politischen Einfluss genutzt, d. h. aufgrund der größeren Bedeutung der zusammengeschlossenen Unternehmen ist es leichter politischen Forderungen Nachdruck zu verleihen, als wenn jedes Unternehmen das einzeln versucht.

Hinweis
Rationalisieren und Konzentrieren liegen in ihrer Wirkung eng beisammen. In beiden Fällen versuchen die Unternehmen durch größeres Volumen Vorteile für sich zu erreichen. Beim Rationalisieren werden diese Vorteile intern im Unternehmen gesucht, d. h. man nutzt das höhere Volumen, um die internen Abläufe effizienter und kostengünstiger zu gestalten. Beim Konzentrieren versucht man dagegen, Vorteile extern zu generieren: durch Marktmacht auf den relevanten Märkten oder durch Einflussnahme im politischen oder gesellschaftlichen Geschehen.

Oftmals werden mit einem Unternehmenszusammenschluss auch mehrere Ziele gleichzeitig verfolgt. Die Realisierung dieser Ziele ist aber keineswegs sicher: Bei großen Unternehmenszusammenschlüssen (meist in Form von Übernahmen oder Fusionen) werden häufig sehr hohe Einsparpotenziale angekündigt. Die Realisierung ist aber oft schwierig und gelingt aus verschiedenen Gründen häufig nicht oder nicht vollständig.

Zu b)
Unter Kooperation versteht man einen Zusammenschluss, bei dem Unternehmen in begrenzten Themenbereichen, Funktionen oder Geschäftsfeldern häufig auch zeitlich befristet zusammen arbeiten. Die beteiligten Unternehmen behalten dabei vollständig ihre rechtliche und wirtschaftliche Selbständigkeit.
Beispielhafte Formen einer Kooperation:
–   Arbeitsgemeinschaften/Konsortien: In der Baubranche werden häufig Großprojekte mit Hilfe von zeitlich befristeten Arbeitsgemeinschaften abgewickelt. Ähnliche Kooperationen gibt es z. B. auch im Finanzbereich zur Bereitstellung von Großkrediten (sog. Konsortialkredite).
–   Verbände: Unternehmen schließen sich zur Wahrnehmung von Branchen- oder politischen Interessen zu Verbänden zusammen; dieser Zusammenschluss ist in der Regel zeitlich unbefristet.

Unter Konzentration/Integration versteht man einen Zusammenschluss, bei dem sich Unternehmen dauerhaft und in allen Bereichen zusammenschließen; dabei verlieren sie ihre wirtschaftliche Selbständigkeit, je nach Form des Zusammenschlusses eventuell auch die rechtliche Selbständigkeit.
Beispielhafte Formen einer Konzentration:
–   Konzernierung: Durch Übernahme der Stimmrechtsmehrheiten werden Tochtergesellschaften durch die Muttergesellschaft kontrolliert und in den Konzern

integriert; Sinn ist eine dauerhafte gemeinsame Geschäftsausübung. Die Tochtergesellschaften verlieren hierbei ihre wirtschaftliche, nicht aber ihre rechtliche Selbständigkeit.

– Fusion: Zwei oder mehr Unternehmen schließen sich vollständig zu einem neuen Unternehmen zusammen, d. h. sie gehen in dem neuen Unternehmen auf. Dabei verlieren alle beteiligten Unternehmen ihre wirtschaftliche und rechtliche Selbständigkeit (Ausnahme: Bei der Fusion durch Aufnahme bleibt das aufnehmende Unternehmen bestehen).

Zu c)

Horizontale Zusammenschlüsse sind Zusammenschlüsse von Konkurrenten, d. h. von Unternehmen auf der gleichen Wertschöpfungs- oder Handelsstufe.
Beispiele: Zusammenschluss von zwei Einzelhandelsunternehmen oder von zwei Automobilherstellern.

Vertikale Zusammenschlüsse sind Zusammenschlüsse von Unternehmen, die auf vor- oder nachgelagerten Wertschöpfungs- oder Handelsstufen tätig sind.

Vorwärtsintegration bedeutet, dass Tätigkeiten, die der eigenen Tätigkeit nachgelagert sind, mit den eigenen zusammengeschlossen werden.
Beispiel: Ein Großhändler schließt sich mit einem Einzelhändler zusammen; dies ist aus Sicht des Großhändlers eine Vorwärtsintegration.

Rückwärtsintegration bedeutet, dass Tätigkeiten, die der eigenen Tätigkeit vorgelagert sind, mit den eigenen zusammengeschlossen werden.
Beispiel: Ein Großbäcker schließt sich mit einer Getreidemühle zusammen oder ein Tankstellenbetreiber schließt sich mit einer Erdölraffinerie zusammen. Dies sind aus Sicht des Großbäckers und des Tankstellenbetreibers Rückwärtsintegrationen.

Konglomerate Zusammenschlüsse sind Zusammenschlüsse, die weder horizontal noch vertikal sind, d. h. in der Regel sind sie branchenübergreifend und/oder beinhalten keine aufeinander aufbauenden Tätigkeiten.
Beispiel: Ein Automobilhersteller schließt sich mit einer Versicherung zusammen, um seinen Kunden weitere Angebote machen zu können.

3. Hinweise zu den Lösungen

Neben der Standortwahl und der Rechtsformwahl, die die unmittelbaren konstitutiven Entscheidungen darstellen, ist auch die Frage, ob und wie sich das Unternehmen mit anderen zusammenschließt von grundlegender Bedeutung. Kaum ein Unternehmen ist heutzutage vollständig unabhängig in der Abwicklung seiner Geschäfte; in der Regel werden Kooperationen in Form von Verbänden oder Interessengemeinschaften gepflegt. Die Zusammenschlüsse können aber auch weiter gehend sein.

4. Literaturempfehlungen

Jung, S. 129 ff.

Schierenbeck/Wöhle, S. 58 ff.

Thommen/Achleitner, S. 89 ff.

Wöhe/Döring, S. 242 ff.

Aufgabe 6: Konstitutive Entscheidungen/Rechtsformwahl

Wissen
Bearbeitungszeit: rund 15 Minuten

1. Aufgabenstellungen

a) Geben Sie vier mögliche Rechtsformen für privatwirtschaftliche Unternehmen an. Gliedern Sie diese in geeignete Klassen.
b) Untersuchen Sie diese Rechtsformen nach den Kriterien Mindestzahl von Gründern, Haftung, Leitungsbefugnis, Gewinn- und Verlustbeteiligung, Finanzierungsmöglichkeiten, Flexibilität bei der Änderung von Beteiligungsverhältnissen und bei Eintritt und Austritt von Gesellschaftern.
c) Welche Steuerarten sind bei der Rechtsformwahl relevant?

2. Lösungen

Zu a)
Mögliche Rechtsformen nach deutschem Recht sind:
– Einzelkaufmann,
– Personengesellschaften
    – Gesellschaft bürgerlichen Rechts (GbR)
    – Offene Handelsgesellschaft (OHG)
    – Kommanditgesellschaft (KG)
– Kapitalgesellschaften
    – Gesellschaft mit beschränkter Haftung (GmbH) und Unternehmergesellschaft (UG)
    – Aktiengesellschaft (AG)
    – Kommanditgesellschaft auf Aktien (KGaA)
– sowie Mischformen bzw. Kombinationen, z. B. GmbH & Co. KG.

Zu b)
Die Abgrenzung der Rechtsformen anhand der genannten Kriterien kann Tabelle 15 entnommen werden:

Tabelle 15: Übersicht über Rechtsformen

	Einzelunternehmen	Personengesellschaften			Kapitalgesellschaft		
		GbR	OHG	KG	GmbH	AG	KGaA
Gesetzesgrundlage	§§ 1 – 104a HGB	§§ 705 – 740 BGB	§§ 105 – 160 HGB	§§ 161–177 HGB	GmbHG	§§ 1–277 AktG	§§ 278–290 AktG
Eigentümer	Einzelunternehmer	Gesellschafter	Gesellschafter	Komplementär, Kommanditist	Gesellschafter	Aktionär	Komplementär, Kommanditaktionär
Mindestzahl von Gründern	1	2	2	1 Komplementär, 1 Kommanditist	1	1	1 Komplementär, 1 Kommanditaktionär
Vorgeschriebenes Haftungskapital	– (keine Vorschrift über Höhe)	–	–	–	25.000 EUR *Stammkapital*; mind. 50 % davon eingezahlt	50.000 EUR *Grundkapital*; mind. 25 % davon eingezahlt	50.000 EUR *Grundkapital* durch Kommanditaktionäre; keine Vorschrift für Komplementär
Haftung	Einzelunternehmer haftet persönlich und unbeschränkt (=haftet mit Privatvermögen)	jeder Gesellschafter persönlich und unbeschränkt, gesamtschuldnerisch	jeder Gesellschafter persönlich und unbeschränkt, gesamtschuldnerisch	Komplementäre persönlich, unbeschränkt, gesamtschuldnerisch; Kommanditisten nur mit Einlage	Gesellschaft unbeschränkt mit ihrem Gesellschaftsvermögen (Gesellschafter nur mit Einlage)	Aktiengesellschaft unbeschränkt mit ihrem Vermögen (Aktionäre nur mit Einlage/Wert Aktie)	Komplementäre persönlich und unbeschränkt, gesamtschuldnerisch; (Aktionäre nur mit Einlage/Wert Aktie)
Geschäftsführung	Einzelunternehmer	alle Gesellschafter gemeinschaftlich	jeder Gesellschafter (Einzelgeschäftsführung)	Komplementär; ggf. Zustimmung Kommanditisten	Geschäftsführer, Beschränkung durch Gesellschafter	Vorstand gemeinschaftlich	Komplementär

Tabelle 15: (forgesetzt)

	Einzelunternehmen	Personengesellschaften			Kapitalgesellschaft		
		GbR	OHG	KG	GmbH	AG	KGaA
Vertretung	Einzelunternehmer	alle Gesellschafter gemeinschaftlich (Gesamtvertretung)	Einzelvertretung	Komplementär (Einzelvertretung)	gemeinschaftlich durch die Geschäftsführer	Vorstand gemeinschaftlich	Komplementär
Kontrolle	Einzelunternehmer	Gesellschafter	Gesellschafter	Komplementäre; beschränkte Kontrollrechte bei Kommanditisten	Gesellschafterversammlung	Aufsichtsrat	Aufsichtsrat
Behandlung des Gewinns/Verlusts	Gewinnausschüttung: Entnahmeentscheidung des Einzelunternehmers	jeder Gesellschafter erhält gleichen Anteil	Gewinnbeteiligung in Höhe von 4 % der Kapitalanteile, Rest nach Köpfen; Verlust nach Köpfen	Gewinnbeteiligung in Höhe von 4 % der Kapitalanteile, Rest in angemessenem Verhältnis	Gewinnausschüttung: nach dem Verhältnis der Geschäftsanteile	Gewinnausschüttung: Dividende nach Aktiennennbetrag; gesetzliche Rücklage	Gewinnausschüttung: Dividende nach Aktiennennbeträgen
Finanzierungsmöglichkeiten	Einlage aus Privatvermögen, Gewinnthesaurierung, Kredite, stiller Gesellschafter	Einlage aus Privatvermögen, Gewinnthesaurierung, Kredite, stiller Gesellschafter, Aufnahme weiterer Gesellschafter	Einlage aus Privatvermögen, Gewinnthesaurierung, Kredite, stiller Gesellschafter, Aufnahme weiterer Gesellschafter	Einlage aus Privatvermögen, Gewinnthesaurierung, Kredite, stiller Gesellschafter, Aufnahme weiterer Gesellschafter (insb. Kommanditisten)	Erhöhung Stammkapital, Gewinnthesaurierung, Kredite, stiller Gesellschafter, Aufnahme weiterer Gesellschafter	Kapitalerhöhung, Gewinnthesaurierung, Kredite, stiller Gesellschafter, Aufnahme weiterer Gesellschafter (gute Handelbarkeit der Aktien)	Kapitalerhöhung, Gewinnthesaurierung, Kredite, stiller Gesellschafter, Aufnahme weiterer Gesellschafter (gute Handelbarkeit der Aktien)

Hinweis

Neben den in der Tabelle aufgeführten Rechtsformen gibt es noch:

- Partnerschaftsgesellschaft: Spezifisch für freie Berufe
- Unternehmergesellschaft: Sonderform der GmbH ohne Mindestkapital
- Societas Europea (SE): Eine AG kann in eine SE umgewandelt werden; die SE ist die europäische Form der AG, die in allen Staaten der Europäischen Union existiert.

Zu c)

Bei der Wahl einer vorteilhaften Rechtsform lässt sich keine pauschale Aussage ableiten, welche Rechtform aus steuerlicher Sicht die günstigere ist. In einen sog. „Steuerbelastungsvergleich" werden für einen konkreten Fall sämtliche relevante Steuerarten einbezogen: Einkommensteuer, Gewerbesteuer, Körperschaftsteuer. Vereinfachend schlägt sich nieder, dass nur zwischen Einzelunternehmen/Personengesellschaften und Kapitalgesellschaften zu unterscheiden ist.

Einzelunterschiede:

- Kapitalgesellschaften
    - Abzugsfähigkeit von Dienst- und Nutzungsüberlassungsentgelten: senkt Gewerbesteuer
- Personengesellschaften
    - Freibetrag bei Gewerbesteuer von 24.500 €
    - Steuerliche Behandlung einbehaltener Gewinne: Seit der Unternehmenssteuerreform 2008 besteht ein Wahlrecht bzgl. der Thesaurierungsbesteuerung; der Vergleich der Vorteilhaftigkeit bleibt aber schwierig.

3. Hinweise zu den Lösungen

Die Rechtsformwahl gehört neben der Standortwahl zu den typischen konstitutiven oder grundlegenden Entscheidungen, die für ein Unternehmen getroffen werden müssen. Dabei gibt der Gesetzgeber durch die gesetzlich möglichen Rechtsformen einen Rahmen vor; innerhalb dieses Rahmens ist anhand verschiedener Kriterien die für das Unternehmen beste Rechtsform zu finden.

4. Literaturempfehlungen

Jung, S. 85 ff.

Paul, S. 196 ff.

Schierenbeck/Wöhle, S. 36 ff.

Thommen/Achleitner, S. 75 ff.

Wöhe/Döring, S. 209 ff.

6 Grundlagen der Wirtschaftsethik/ Verantwortliches Handeln

Aufgabe 1: Wirtschaftsethik/Moral, Konventionen, Recht

Wissen/Anwenden
Bearbeitungszeit: rund 10 Minuten

1. Aufgabenstellung

Was versteht man unter Konventionen, Moral und Recht? Worin bestehen Unterschiede und Überschneidungen? Geben Sie für jede Kategorie je zwei Beispiele.

2. Lösung

Konventionen werden auch als „Kann"-Erwartungen bezeichnet, d. h. sie sind gesellschaftliche Wert-/Verhaltensvorstellungen, deren Einhaltung als üblich bzw. höflich betrachtet wird. Verstößt man gegen diese Vorstellungen, so wird man ggf. getadelt und/oder als unhöflich oder schlecht erzogen betrachtet, meist gibt es aber keine weitergehenden Sanktionen. Positives Verhalten wird gelobt.
Beispiele hierfür sind:
- Begrüßung: Wenn man jemanden zum ersten Mal an einem Tag trifft, begrüßt man sich.
- Vorrang für Alter: Der Ältere wird vom Jüngeren mit Respekt behandelt, d. h. man lässt z. B. den Vortritt, das „Du" wird zunächst vom Älteren angeboten.
- Tischmanieren: Man schmatzt und rülpst nicht beim Essen und benutzt das Besteck.

Unter **Moral** versteht man „Soll"-Erwartungen, d. h. gesellschaftliche Wertvorstellungen, die als bindend/verpflichtend betrachtet werden und an die man sich dementsprechend halten soll bzw. deren Einhaltung man erwarten darf. Allerdings sind diese moralischen Werte nur teilweise rechtlich bindend (s. u.). Die Sanktionen sind hier deutlich weitergehender als bei Konventionen und können bis zur sozialen Ächtung oder zum sozialen Ausschluss reichen. Positives Verhalten wird gelobt und kann auch gesellschaftlich ausgezeichnet/hervorgehoben werden.
Beispiele hierfür sind:
- Nicht lügen.
- Keine Menschen töten oder verletzen.
- Nicht stehlen.

Unter **Recht** versteht man den gesellschaftlichen Konsens über die Moralvorstellungen und deren Kodifikation, d. h. den dadurch rechtlich durchsetzbaren Mindeststandard an Verhaltensvorgaben („Muss"-Erwartungen). Diese Regelungen muss man

DOI 10.1515/9783110481822-006

einhalten, sonst gibt es entsprechende Sanktionen bis hin zu Freiheitsstrafen. Da es sich um Mindeststandards handelt, gibt es für regelkonformes Verhalten kein Lob oder keine Auszeichnung.

Beispiele hierfür sind:

- Straftatbestände Verleumdung, Volksverhetzung oder Betrug als Konkretisierung der Moralvorstellung „nicht lügen"
- Straftatbestände Körperverletzung, Totschlag, Mord als Konkretisierung der Moralvorstellung „keine Menschen töten oder verletzen"
- Straftatbestand Diebstahl als Konkretisierung der Moralvorstellung „nicht stehlen".

Alle drei Teilbereiche überlappen sich teilweise, weisen aber auch Differenzen auf. „Nicht lügen" ist eine deutlich umfassendere Wertvorstellung als der Straftatbestand Verleumdung oder Betrug. D. h. gesellschaftlich besteht zwar (zumindest weitgehend) die Auffassung, dass man die Wahrheit sagen sollte, rechtlich sanktionierbar ist aber nur ein ganz bestimmter Teil von Unwahrheiten. Ob man die höfliche Notlüge als moralisch verwerflich betrachtet, ist somit eine Frage der gesellschaftlichen Diskussion bzw. der eigenen Wertvorstellungen, aber keine Frage der Rechtsprechung.

3. Hinweise zur Lösung

Konventionen, Moral und Recht sind sehr stark vom jeweiligen Kulturkreis abhängig. Je nach den vorherrschenden gesellschaftlichen Vorstellungen können Verhaltensweisen, die in einem Land als positiv bewertet sind, in einem anderen Land als unpassend, unhöflich, unmoralisch oder sogar unrechtmäßig beurteilt werden.

Die oben genannte Konvention des „Nicht Schmatzens und Rülpsens beim Essen" ist typisch für den westlichen Kulturkreis. Ein solches Verhalten wird beispielsweise in China keineswegs negativ aufgefasst, sondern ist positiver Ausdruck des Essvergnügens.

Im Übrigen sind Normen im Zeitablauf durchaus Wandlungen unterworfen: Martin Luther fragte im 16. Jahrhundert noch seine Gäste: „Warum rülpset und furzet Ihr nicht? Hat Euch das Mahl nicht geschmacket?". Unsere heutigen Tischmanieren haben sich erst danach ausgebildet und können sich in Zukunft auch durchaus wieder ändern.

4. Literaturempfehlung

Noll, S. 25 ff.

Aufgabe 2: Wirtschaftsethik/Moral, Konventionen, Recht: Fall

Transfer
Bearbeitungszeit: rund 10 Minuten

1. Aufgabenstellung

Fall: Die Kassiererin eines Supermarkts manipuliert ihre Kassenabrechnung und entwendet 2 €. Der Diebstahl wird entdeckt; die Mitarbeiterin ist geständig, deshalb wird von einer Strafanzeige abgesehen, allerdings wird ihr fristlos gekündigt. Die 50jährige hat keine Ausbildung und den Hauptschulabschluss, daher klagt sie gegen die Entlassung, diese sei unverhältnismäßig. Das Gericht gibt dem Arbeitgeber recht.

Sammeln Sie je drei Argumente für und gegen die Vorgehensweise des Arbeitgebers. Was ist Ihre persönliche Meinung zu dem Fall?

2. Lösung

Argumente für das Verhalten des Arbeitgebers:
- Diebstahl ist eine Straftat und kann Anlass für eine fristlose Kündigung sein. Das wurde – auch bei geringfügigem Schaden – mehrfach höchstrichterlich bestätigt. Der Arbeitgeber handelt also rechtskonform.
- Der Umgang mit Bargeld ist Vertrauenssache. Dieses Vertrauen kann auch schon durch einen kleinen Diebstahl zerstört werden. Die Frage, die sich der Arbeitgeber wahrscheinlich stellt, ist, ob es nur ein Diebstahl war, oder ob nur dieser Diebstahl aufgefallen ist. Ist das grundsätzliche Vertrauen in die Rechtschaffenheit der Mitarbeiterin aber zerstört oder wesentlich gestört, ist eine weitere vertrauensvolle Zusammenarbeit eventuell nicht mehr möglich.
- Jeder Mitarbeiter, nicht nur die hier betroffene Kassiererin, der mit Bargeld in Berührung kommt, ist der grundsätzlichen Versuchung des Diebstahls ausgesetzt. Werden bei einem bekannten Diebstahl nicht deutliche Konsequenzen gezogen, kann bei den übrigen Mitarbeitern der Eindruck entstehen, dass Diebstahl nicht als ernstes Vergehen betrachtet wird. In der Konsequenz kommt es möglicherweise vermehrt zu Diebstählen, d. h. es kann hier auch darum gehen für alle Mitarbeiter ein Beispiel zu setzen.

Argumente gegen das Verhalten des Arbeitgebers:
- Die fristlose Kündigung ist nicht verhältnismäßig: Der Schaden, der dem Arbeitgeber entstanden ist, ist minimal. Der Schaden, der für die gekündigte Mitarbeiterin entsteht, ist sehr viel größer. Auch wenn eine Bestrafung notwendig ist, bestehen andere Möglichkeiten, als die fristlose Kündigung (z. B. Versetzung und Abmahnung).

- Die fristlose Kündigung ist sozial ungerecht. Die Mitarbeiterin wird aufgrund ihres Alters, ihrer geringen Vorbildung und der jetzigen fristlosen Entlassung kaum mehr die Möglichkeit haben, eine Stelle zu finden. Der Arbeitgeber hat neben der Verantwortung für das Unternehmen auch eine soziale Verantwortung für seine Mitarbeiter, der er hier nicht gerecht wird.
- In jedem Unternehmen entstehen regelmäßig Schäden, die deutlich größer sind, z. B. durch Unaufmerksamkeit oder Faulheit. Diese werden aber – wenn überhaupt – nur selten und fast nie so streng bestraft wie Diebstahl.
- Wenn die Mitarbeiterin die Kassenabrechnung so leicht manipulieren kann, hat auch das Unternehmen eine Mitverantwortung durch möglicherweise zu geringe Kontrollmaßnahmen.

Zur vollständigen Lösung sollten Sie sich hier einer Meinung (Befürwortung oder Ablehnung) anschließen. Es kommt nur darauf an, dass Sie Ihre Meinung kundtun. Es kommt nicht darauf an, welcher Meinung Sie sich anschließen.

3. Hinweis zur Lösung

Alle hier genannten Argumente sind nur beispielhaft. Es handelt sich hierbei um eine sehr offene Fragestellung. Demzufolge können auch andere Argumente angeführt werden.

Bei dieser Fragestellung handelt es sich um einen Teilbereich des Themas „Grundlagen der Wirtschaftsethik". In der Fallstudie soll gezeigt werden, dass man für und gegen eine Vorgehensweise argumentieren kann.

4. Literaturempfehlung

Noll, S. 25 ff.

Aufgabe 3: Wirtschaftsethik/Verantwortung

Wissen/Anwenden
Bearbeitungszeit: rund 10 Minuten

1. Aufgabenstellung

Was versteht man unter Verantwortung/Wie kann man sie beschreiben? Geben Sie zwei praktische Beispiele für unterschiedliche Formen der Verantwortung.

2. Lösung

Zur Beschreibung einer Verantwortung gehören vier Elemente:
- der Akteur: Wer ist verantwortlich?
- das Objekt: Wofür ist der Akteur verantwortlich?

- die Instanz: Gegenüber wem ist der Akteur verantwortlich?
- die Norm: In Bezug auf was ist der Akteur verantwortlich?

Verantwortung bedeutet damit, die Pflicht des Akteurs, sich um das Objekt im Hinblick auf die Norm zu kümmern und dies vor der Instanz zu rechtfertigen/zu verantworten.

Beispiele:
- Rechtliche Verantwortung: Verantwortung jedes Einzelnen für die Einhaltung der rechtlichen Vorschriften, d.h. Handlung im Einklang mit den rechtlichen Vorschriften. Zu rechtfertigen ist das eigene Verhalten ggf. vor dem Staat bzw. dem zuständigen Gericht.
- Moralische Verantwortung: Verantwortung jedes Einzelnen für die Einhaltung moralischer Normen (die meist über die rechtlichen Vorschriften hinausgehen), d.h. Handlung im Einklang mit den moralischen Wertvorstellungen. Zu rechtfertigen ist das vor der Gesellschaft oder einer Teilgruppierung, die das einfordert, z.B. der Familie.
- Wirtschaftliche Verantwortung: Verantwortung von im Geschäftsverkehr handelnden Personen in dem Sinne, dass ihre Handlungen einen wirtschaftlichen Vorteil für sich bzw. das eigene Unternehmen erbringen. Zu rechtfertigen ist das im Fall von angestellten Personen vor den Führungskräften oder den Gesellschaftern des Unternehmens, im Fall von selbständigen Personen vor sich selbst.
- Soziale Verantwortung: Verantwortung von im Geschäftsverkehr handelnden Personen in dem Sinne, dass ihre Handlungen auch das wirtschaftliche Wohlergehen anderer berücksichtigen/miteinbeziehen. Zu rechtfertigen ist das im Fall von angestellten Personen vor den Führungskräften oder den Gesellschaftern des Unternehmens, im Fall von selbständigen Personen vor sich selbst. Ggf. kommt auch eine Rechtfertigung vor politischen Organisationen oder der Gesellschaft als Ganzes in Frage.

3. Literaturempfehlung

Noll, S. 53 ff.

Aufgabe 4: Wirtschaftsethik/Verantwortung: Fall

Transfer
Bearbeitungszeit: rund 10 Minuten

1. Aufgabenstellungen

Fall: Sie sind im Vertrieb eines Produzenten für Computerhardware tätig. Das bisherige Geschäftsjahr war schwierig und Ihre Verkaufszahlen sind mittelmäßig. Ihr

Vertriebsleiter erwartet weitere Anstrengungen und vor allem Abschlüsse. Ihre variable Vergütung hängt maßgeblich von der Erreichung Ihrer Verkaufsziele ab.

Aktuell sind Sie in Verhandlungen über ein großes System, das bei erfolgreichem Abschluss Ihre Kennzahlen deutlich verbessern würde. Der Kunde will aber unbedingt ein Ihrer Meinung nach technisch unpassendes und vollkommen überdimensioniertes System.

Wie verhalten Sie sich in den weiteren Verhandlungen, wenn

a) Ihr Verhandlungspartner der IT-technisch nicht erfahrene Chef einer kleinen Schreinerei ist?

b) Ihr Verhandlungspartner der Chief Information Officer eines börsennotierten Konzerns ist?

Oder macht das keinen Unterschied?

2. Lösungen

Bei dieser Frage gibt es kein per se richtig oder falsch, daher werden mögliche Argumentationsweisen dargestellt.

Zielkonflikte, die in dieser Situation angelegt sind:

1. Konflikt in den Unternehmenszielen:

   Ein wesentliches Unternehmensziel ist typischerweise (und auch im vorliegenden Fall) Umsatz zu erzielen, d. h. die eigenen Produkte und Dienstleistungen an Kunden zu verkaufen. Ein anderes wesentliches Ziel, das insbesondere für den langfristigen Erfolg wichtig ist, ist die Kundenzufriedenheit: Zufriedene Kunden kaufen die Produkte häufig wieder und empfehlen die Produkte auch oftmals weiter. Die Frage, die sich hier stellt, ist der Kunde zufriedener, wenn er bekommt, was er will, oder wenn er bekommt, was er braucht.

   Letztlich ist die Klärung dieser Konflikte in den Unternehmenszielen Aufgabe der Führungskräfte, um so den Mitarbeitern konsistente Ziele vorgeben zu können.

2. Zeitlicher Zielkonflikt:

   Unter 1. schon angedeutet, kann sich hier leicht ein Unterschied in der Zielerreichung im zeitlichen Ablauf ergeben: Angenommen Sie verkaufen Ihren Kunden die Produkte, die diese haben wollen. Dann werden die Kunden meist kurzfristig zufrieden sein, denn ihr Bedarf – zumindest der Bedarf, den sie wahrgenommen haben – ist erfüllt. Wenn allerdings richtig ist, dass die Produkte nicht den wirklichen Bedürfnissen der Kunden entsprechen, d. h. im vorliegenden Fall technisch unpassend und überdimensioniert sind, werden die Kunden das möglicherweise im Zeitablauf realisieren. Die Kunden werden dann mit den Produkten unzufrieden sein, häufig wird diese Unzufriedenheit – auch wenn sie eigentlich selbst verursacht ist – auf den Hersteller oder Lieferanten projiziert. Daraus kann sich ein typischer zeitlicher Zielkonflikt in dem Sinne ergeben, dass ein bestimmtes

Verhalten zwar kurzfristig Vorteile bringt, sich aber langfristig als nachteilig erweisen kann.

3. Moralischer Zielkonflikt:

Die ersten beiden Konfliktsituationen beinhalten Zielkonflikte im Zielsystem des Unternehmens. Darüber hinaus kann sich noch ein moralischer Konflikt ergeben: Ist alles, was rechtlich zulässig ist, auch moralisch akzeptabel?

Dazu kann man zwei Extrempositionen einnehmen, wobei auch eine Vielzahl von Zwischenpositionen denk- und machbar ist:

Zum einen kann man sich auf den Standpunkt stellen, dass der Geschäftspartner selbst am besten weiß, was er braucht bzw. was seine Bedürfnisse sind. Sofern der Vertragspartner geschäftsfähig ist und ein bestimmtes Geschäft machen will, ist das seine Entscheidung, unabhängig davon, ob man selbst das Geschäft für sinnvoll hält. Im Extremfall könnte man sogar auf ein sinnloses Geschäft hinwirken, sofern es innerhalb des rechtlich zulässigen Rahmens (also ohne Betrug oder Täuschung) liegt. Dies wäre der Standpunkt „Eskimos Kühlschränke zu verkaufen".

Zum anderen kann man sich auf den Standpunkt stellen, dass man mit der eigenen Tätigkeit einen nützlichen Beitrag zur wirtschaftlichen bzw. sogar zur gesellschaftlichen Entwicklung leisten will. Geschäfte, bei denen man keinen wirtschaftlichen oder gesellschaftlichen Mehrwert erkennt, auch wenn sie für einen selbst finanziell vorteilhaft wären, würden nicht abgeschlossen. Es geht also nicht nur um den kurzfristigen Geschäftsabschluss, sondern um die Abschätzung der Folgen des eigenen Handelns.

Ein wesentlicher Punkt hierbei ist sowohl der eigene Kenntnisstand bzw. die Fähigkeit zur Lagebeurteilung als auch der Kenntnisstand und die Fähigkeit zur Lagebeurteilung des Geschäftspartners. Je besser man den eigenen Kenntnisstand im Vergleich zum Geschäftspartner einschätzt, desto eher wird man bei Anforderungen, die man selbst nicht nachvollziehen kann, das Geschäft ablehnen.

Im Geschäftsalltag wird man beide Standpunkte in dieser Extremform eher selten antreffen.

Mögliche Verhaltensweisen wären dann:

1. Geschäftsabschluss

   Konzentration auf die kurzfristigen Unternehmensziele (einschließlich der eigenen Ziele) bei Betonung der Entscheidungsfähigkeit der Geschäftspartner

2. Umfassende Information über die Eignung der IT-Systeme

   Ausführliche, ggf. mehrfache Information über die Eignung der gewünschten Systeme, um sicherzustellen, dass die Geschäftspartner wissen, was sie kaufen. Bleibt der Kaufwunsch bestehen, werden die Systeme verkauft.

Variante dazu: Verkauf nur an den DAX-Konzern, nicht an den Schreiner

Eine Fehlinvestition wird für einen DAX-Konzern eine wesentlich kleinere Belastung darstellen als für einen kleinen Handwerksbetrieb. Zudem verfügt ein großer Konzern über ausreichend qualifizierte Mitarbeiter, die eine entsprechende Entscheidung vorbereiten und überprüfen können. Dies gilt für die Schreinerei sicher nicht – typischerweise werden die Investitionsentscheidungen in allen Bereichen vom Inhaber selbst getroffen.

3. Ablehnung der Geschäfte

Im Hinblick auf den Kundennutzen und die langfristige Kundenzufriedenheit werden die Geschäfte nicht abgeschlossen, auch wenn die Kunden das wollen. Da dies den kurzfristigen Zielen des eigenen Unternehmens widerspricht, kann eine solche Vorgehensweise zu Konflikten mit der eigenen Unternehmensleitung führen.

3. Hinweise zu den Lösungen

Bei dieser Fragestellung handelt es sich um einen Teilbereich des Themas „Grundlagen der Wirtschaftsethik". In der Fallstudie soll gezeigt werden, dass es „optimale" Verhaltensweisen häufig nicht gibt, sondern meist eine Abwägung zwischen verschiedenen Perspektiven/Zielsetzungen vorgenommen werden muss.

3. Literaturempfehlung

Noll, S. 53 ff.

7 Materialwirtschaft und Logistik

Aufgabe 1: Materialwirtschaft und Logistik/Materialbereitstellung

Wissen
Bearbeitungszeit: rund 15 Minuten

1. Aufgabenstellung

Zeigen Sie kurz die grundlegenden Aufgabenbereiche der Materialbereitstellung auf und erläutern Sie deren Prinzipien. Gehen Sie dabei auch kurz auf die Vor- und Nachteile der einzelnen Prinzipien ein.

2. Lösung

Grundlegende Aufgabenbereiche der Materialbereitstellung

Die Aufgabe der Materialbereitstellung besteht darin, die für den Leistungserstellungsprozess benötigten Materialien in der erforderlichen Menge und Qualität, zur rechten Zeit, am rechten Ort und zu möglichst geringen Kosten bereitzustellen.

Die grundlegenden Aufgabenbereiche umfassen die folgenden Aspekte:

- Materialdisposition: In diesen Aufgabenbereich fallen u. a. die Planung des Materialbedarfs,
    - die Bestimmung optimaler Bestell-, Liefer- und Lagermengen,
    - die Bestellauslösung und -terminierung.
- Materialeinkauf: Der Materialeinkauf umfasst u. a.
    - die Beschaffungsanbahnung (z. B. Angebotseinholung, -prüfung und -vergleich),
    - den Beschaffungsabschluss (z. B. Lieferantenauswahl, Vertragsausarbeitung, Bestellentscheidung),
    - die Beschaffungsabwicklung (z. B. Terminüberwachung, Eingangskontrolle, Rechnungsprüfung).
- Materiallogistik: Im Rahmen der Materiallogistik werden u. a. Fragestellungen
    - der Materiallagerung,
    - des Materialtransports und
    - der Materialflussoptimierung bearbeitet.

Prinzipien der Materialbereitstellung

In Abhängigkeit davon, ob ein Unternehmen den geplanten Materialbedarf mit oder ohne Vorratshaltung decken möchte, ergeben sich drei Prinzipien der Materialbereitstellung.

DOI 10.1515/9783110481822-007

Einzelbeschaffung im Bedarfsfall

Bei der Einzelbeschaffung im Bedarfsfall erfolgt die Beschaffung des erforderlichen Materials erst dann, wenn ein konkreter, mit einem Produktionsauftrag einhergehender Materialbedarf entsteht. Es handelt sich um eine Beschaffung zum Produktionsbeginn für einen spezifischen Einzelbedarf.

Diese Art der Materialbereitstellung ist primär für den Produktionstyp Einzelfertigung relevant; angewendet wird sie bei einem nicht vorhersehbaren Bedarf.

Vorteil der Einzelbeschaffung im Bedarfsfall

– Da hier keine Vorratshaltung erforderlich ist, entfallen Lagerhaltungsaktivitäten und zeiten weitestgehend, was zu einer Reduktion von Lager- und Kapitalbindungskosten führt.

Nachteile der Einzelbeschaffung im Bedarfsfall

– Erschwerte Terminplanung, da die Liefertermine und die Produktionstermine möglichst exakt aufeinander abgestimmt werden müssen.
– Da die Produktion nicht aus dem Lager heraus, sondern direkt vom Lieferanten mit Material versorgt wird, besteht die Gefahr, dass es dem Produktionsprozess nicht rechtzeitig zur Verfügung gestellt wird (im Sinne einer Engpassgefahr).
– Ein Bezug kleiner Mengen kann mit höheren Einstandspreisen und Transportkosten einhergehen.

Vorratshaltung (Bereitstellung aus vorhandenen Vorräten)

Im Gegensatz zur fallweisen Einzelbeschaffung zielt die Vorratshaltung darauf ab, sich von den Beschaffungsmärkten – zumindest kurzfristig – unabhängig zu machen. Die Beschaffung erfolgt nicht zum Produktionsbeginn, sondern mit dem Ziel der Lageraufstockung. Relevant ist diese Art der Materialbereitstellung insbesondere für die Massen- und Großserienfertigung, Beschaffung und Verbrauch werden hier teilweise bzw. kurzfristig voneinander entkoppelt.

Vorteile der Vorratshaltung

– Flexible Terminplanung, da das benötigte Material stets zur Verfügung steht.
– Sichere Produktionsversorgung, mit Engpässen muss nicht gerechnet werden.
– Diese Art der Materialbereitstellung ermöglicht große Bestellmengen, was sich in Vorteilen bei den Preisen und den Transportkosten niederschlagen kann.

Nachteile der Vorratshaltung

– Durch die Vorratshaltung entstehen höhere Lager- und Kapitalbindungskosten als bei der Einzelbeschaffung.
– Die Vorratshaltung geht unter Umständen mit der Gefahr der (technischen) Veralterung der gelagerten Materialien einher.

Fertigungssynchrone Beschaffung (Just-in-Time-Beschaffung)

Bei der fertigungssynchronen Beschaffung wird das Material zu Beginn der Produktion bereitgestellt. In Form von Rahmenlieferverträgen verständigen sich Abnehmer und Lieferant auf eine determinierte Materialmenge, die (bedingt durch den Ablauf der Produktion) zu bestimmten Terminen zu liefern ist. Die fertigungssynchrone Beschaffung wird vor allem bei der Massen- und der Großserienfertigung eingesetzt.

Die Vorteil der fertigungssynchronen Beschaffung liegen in erster Linie in der Reduktion von Lager- und Kapitalbindungskosten (im Vergleich zur normalen Vorratshaltung).

Nachteile der fertigungssynchronen Beschaffung

- Da die Produktion (mehr oder weniger) direkt vom Lieferanten versorgt wird, besteht eine große Abhängigkeit von diesen. Große Liefertreue durch die Lieferanten ist notwendig, da ansonsten die Produktionsabläufe erheblich gestört werden können.
- Ebenso wie bei der Einzelbeschaffung im Bedarfsfall besteht eine gewisse Engpassgefahr.
- Trotz langfristiger Lieferverträge können die geringen Beschaffungsmengen zu Preisnachteilen führen.

3. Hinweise zur Lösung

Im Rahmen des Beschaffungs- und Produktionsmanagements besteht eine zentrale Aufgabe eines Unternehmens darin, durch die adäquate Bereitstellung der benötigten Materialien einen reibungslosen Leistungserstellungsprozess zu gewährleisten.

4. Literaturempfehlungen

Jung, S. 315 ff., S. 387 ff.
Schierenbeck/Wöhle, S. 249 ff.
Thommen/Achleitner, S. 315 ff.
Zahn/Schmid, S. 328 ff.

Aufgabe 2: Materialwirtschaft und Logistik/Materialbedarfsplanung

Wissen
Bearbeitungszeit: rund 10 Minuten

1. Aufgabenstellung

Im Rahmen der Materialbedarfsplanung wird zwischen Primär-, Sekundär- und Tertiärbedarf unterschieden. Erklären Sie diese unterschiedlichen Materialbedarfsarten.

Erläutern Sie darüber hinaus kurz die Verfahren der verbrauchsgebundenen und der programmgebundenen Materialbedarfsermittlung.

2. Lösung

Primär-, Sekundär- und Tertiärbedarf

Bei der Durchführung der quantitativen Materialbedarfsplanung können verschiedene Aspekte zur Unterscheidung von Bedarfsarten herangezogen werden. Differenziert man den Bedarf nach dem Kriterium Marktbezug, so ergeben sich die Kategorien Primär-, Sekundär- und Tertiärbedarf.

- Primärbedarf: Beim Primärbedarf handelt es sich um den Marktbedarf, also die Nachfrage des Marktes nach verkaufsfähigen Produkten und Dienstleistungen.
- Sekundärbedarf: Unter Sekundärbedarf wird der Bedarf an Roh- und Werkstoffen sowie Bauteilen und Baugruppen, die im Produktionsprozess benötigt werden, verstanden (sowie der Bedarf an produktbezogenen Dienstleistungen); der Sekundärbedarf dient der Erfüllung des Primärbedarfs.
- Tertiärbedarf: Der Tertiärbedarf umfasst den Bedarf an Hilfs- und Betriebsstoffen, Verschleißwerkzeugen, etc. (sowie den Bedarf an prozessbezogenen Dienstleistungen); der Tertiärbedarf dient der Erfüllung des Primärbedarfs, ist aber im Vergleich zum Sekundärbedarf mengen- und wertmäßig von untergeordneter Bedeutung.

Verfahren der Materialbedarfsermittlung

Verbrauchsgebundene Materialbedarfsermittlung: Bei der verbrauchgebundenen Materialbedarfsermittlung wird der Periodenbedarf aus den Materialverbräuchen der Vergangenheit abgeleitet (auf Basis von Verbrauchs- bzw. Nachfragestatistiken). Ein analytischer Zusammenhang zwischen den Verbrauchsgrößen und dem Produktionsprogramm des Betrachtungszeitraums liegt nicht vor bzw. wird nicht hergestellt.

Programmgebundene Materialbedarfsermittlung: Falls die Produktionsfaktoren bei der Fertigung in festen Relationen eingesetzt werden, kann die Prognose des Materialbedarfs technisch-analytisch erfolgen. Ausgangspunkt der Ermittlung sind dabei Erzeugnisstrukturen, die z. B. in Form von Stücklisten die Zusammensetzung eines Produktes aufzeigen. Auf Basis solcher Stücklisten und dem geplanten Produktionsprogramm (Primärbedarf) lässt sich der zur Herstellung der geplanten Produktmenge erforderliche Materialbedarf (Sekundär- und Tertiärbedarf) rechnerisch präzise bestimmen.

3. Hinweise zur Lösung

Das Ziel der Materialbedarfsplanung besteht darin, die für den Leistungserstellungsprozess benötigten Materialien im Hinblick auf Art, Qualität, Menge und zeitliche Verteilung möglichst genau zu bestimmen.

4. Literaturempfehlungen

Jung, S. 369 ff.
Wöhe/Döring, S. 323 ff.
Zahn/Schmid, S. 339 ff.

Aufgabe 3: Materialwirtschaft und Logistik/Stücklisten und Gozinto-Graph

Anwenden
Bearbeitungszeit: rund 10 Minuten

1. Aufgabenstellung

Führen Sie mit Hilfe des folgenden Gozinto-Graphen (Abbildung 6) eine Stücklisten-auflösung durch. Der Primärbedarf betrage dabei d=10, X=100, Y=200, A=20, B=50 Stück.

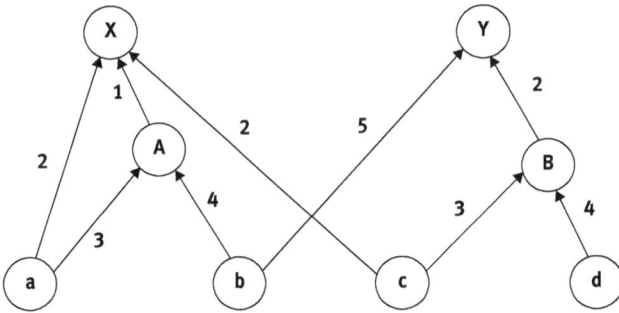

Abbildung 6: Gozinto-Graph

2. Lösung

Die Stücklistenauflösung ermittelt die Gesamtbedarfe aller Teile und Produkte anhand der erforderlichen Zahl der Endprodukte.
Dabei gilt:

$$\text{Gesamtbedarf} = \text{Primärbedarf} + \text{Sekundärbedarf}$$

Primärbedarf auch „unabhängiger" Bedarf, geht nach außen (Absatzmenge von End- und Zwischenprodukten, z. B. als Ersatzteile).

Sekundärbedarf, auch „abgeleiteter/abhängiger" Bedarf an Rohstoffen, Zukauf-teilen **und** Zwischenprodukten, die insgesamt benötigt werden, um den Primärbedarf zu erstellen.

Die Stücklistenauflösung beginnt mit dem Primärbedarf:

$$X = 100$$
$$Y = 200$$

Danach erfolgt die schrittweise Berechnung des Bedarfs für jedes folgende Teil des Erzeugnisbaums, zunächst für die Zwischenfertigungsstufe:

A = 20 + 1*100 = 120, wobei 20 der Primärbedarf und 1*100 der Sekundärbedarf an Teil A ist.

B = 50 + 2*200 = 450, wobei 50 der Primärbedarf und 2*200 der Sekundärbedarf an Teil B ist.

Zuletzt die Stufe der Zukaufteile:

a = 0 + 2*100 + 3*120 = 560 (nur Sekundärbedarf)

b = 0 + 4*120 + 5*200 = 1.480 (nur Sekundärbedarf)

c = 0 + 2*100 + 3*450 = 1.550 (nur Sekundärbedarf)

d = 10 + 4*450 = 1.810 (10 Primärbedarf, 4*450 Sekundärbedarf)

3. Hinweise zur Lösung

Die Stücklistenauflösung ermittelt mit Hilfe der Zusammensetzung des Produkts, bspw. dargestellt durch einen Gozinto-Graphen, die bereitzustellenden Mengen von Zwischenprodukten und Zukaufteilen. In einem praxisnäheren Fall muss zusätzlich die Zeit berücksichtigt werden, die einzelne Fertigungsstufen benötigen. Rohstoffe sind also früher bereit zu stellen, weiterzuverarbeitende Zwischenprodukte erst später. Dies wird mit der sog. „Vorlaufverschiebung" durchgeführt. Man erhält so die zeitlich terminierten Bedarfsmengen. In Softwarelösungen zur Produktionssteuerung sind diese (rechenintensiven) Methoden als sogenannte MRP-Systeme („materials requirements planning") integriert.

4. Literaturempfehlungen

Schierenbeck/Wöhle, S. 254 f.
Thommen/Achleitner, S. 380 ff.
Wöhe/Döring, S. 323 ff.

Aufgabe 4: Materialwirtschaft und Logistik/ABC-Analyse

Wissen/Anwenden
Bearbeitungszeit: rund 10 Minuten

1. Aufgabenstellungen

a) Erläutern Sie anhand der Grafik (Abbildung 7) das inhaltliche Konzept der ABC-Analyse und gehen hierbei auch auf dessen Ziele und Probleme ein. Beschriften Sie auch die beiden Achsen.

b) Welche Merkmale haben A- und C-Güter und welche Beschaffungsstrategien empfehlen Sie?

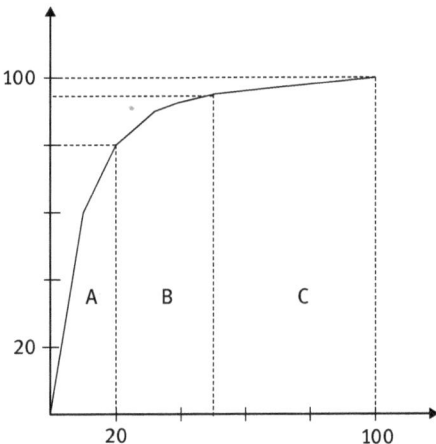

Abbildung 7: ABC-Analyse

2. Lösungen

Zu a)
Die ABC-Analyse wird in der Betriebswirtschaftslehre auch Pareto-Analyse genannt und gilt als Verfahren zur Priorisierung von Aufgaben, Problemen, Produkten und Aktivitäten. Die größte Bedeutung hat die ABC-Analyse im Bereich der Materialwirtschaft, sie wird darüber hinaus aber auch in der Programmplanung, im Marketing (bspw. Absatzsegmentrechnung, Kundenerfolgsrechnung), im Controlling und der Organisation eingesetzt.

Innerhalb der Materialplanung basiert die ABC-Analyse auf der Einteilung der zu beschaffenden Materialien (in A-, B- und C-Güter) nach ihrem relativen Anteil am Wert des gesamten Lagerbestandswerts, d. h. wie sich der Wert des eingesetzten Materials auf die einzelnen Materialarten konzentriert. Das Ergebnis der

Bedarfsstruktur-Analyse lässt sich übersichtlich als Lorenz-Kurve darstellen. Ziel ist es, die gesamten Beschaffungskosten zu reduzieren, indem für Materialarten, die wertmäßig einen besonders hohen Anteil am Umsatz aufweisen (A-Güter), eine besonders genaue Beschaffungsplanung vorgenommen wird.

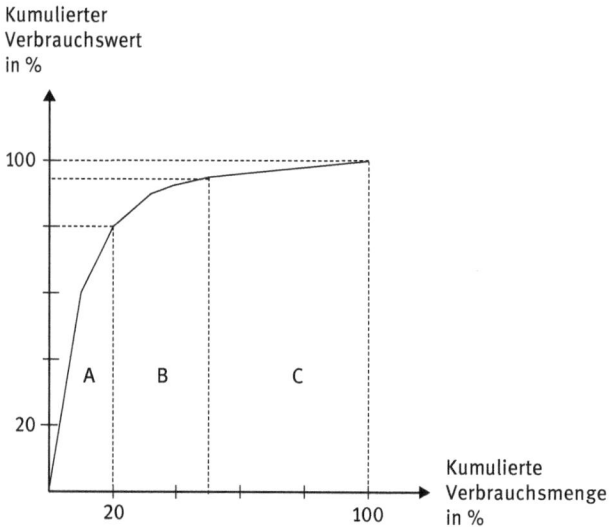

Abbildung 8: ABC-Analyse (Lösung)

Das Kernproblem der ABC-Analyse liegt darin, passende Grenzen zwischen den Klassen zu finden. Der angemessene Planungsaufwand lässt sich nur schwer eindeutig prognostizieren, bildet aber trotzdem das entscheidende Abgrenzungskriterium. So ist im Zweifel zu prüfen, ob bspw. die Hinzunahme einer weiteren Position zur A-Kategorie mehr an Kostenersparnis bringen kann als diese an zusätzlichem Planungsaufwand verursacht.

Zu b)
A-Teile sind hochwertige Materialien, die einen geringen kumulierten Mengenanteil, aber einen hohen kumulierten Verbrauchswert aufweisen (typischerweise 70 – 80 % Verbrauchswert bei 10–20 % Verbrauchsmenge). Für A-Teile sollte der intensivste und genaueste Planungsaufwand betrieben werden, der die Bedarfsermittlung, die Bestellmengenoptimierung, die Einkaufspolitik und die Behandlung im weiteren Fertigungsprozess umfassen kann. Häufig werden für A-Güter programmorientierte Verfahren der Bedarfsprognose eingesetzt. Angesichts ihres hohen Werts werden für A-Teile i. d. R. geringe Lagerbestände angestrebt, um wenig Kapital zu binden.

C-Teile sind dadurch gekennzeichnet, dass eine große Anzahl von Artikeln nur einen geringen Anteil an den gesamten Materialbeschaffungskosten verursacht (typischerweise 5 – 10 % Verbrauchswert bei 60 – 70 % Verbrauchsmenge).

Typische Beispiele für C-Teile sind Werkzeuge, Ersatzteile, Hygieneartikel, Büroma-terial oder Betriebsstoffe. Für C-Teile sollten Prozesse gestrafft und der Zeitaufwand minimiert werden, um mehr Freiraum für die Betreuung der sensiblen und liquidi-tätsrelevanten A- und B-Teile zu schaffen. Als Beschaffungsstrategie für C-Teile kann sich die seltene, aber umfangreiche Bestellung in großen zeitlichen Abständen eignen.

3. Hinweise zu den Lösungen

Das Ziel der Materialbedarfsplanung besteht darin, die für den Leistungserstellungs-prozess benötigten Materialien im Hinblick auf Art, Qualität, Menge und zeitliche Verteilung möglichst genau zu bestimmen. Eine Methode, um die diversen Material-arten zu analysieren und dann zu klassifizieren ist die ABC-Analyse. Anhand dieser Klassifizierung wird dann typischerweise entschieden, welche Planungs- und Bestell-verfahren angewandt werden.

4. Literaturempfehlungen

Jung, S. 327 f., S. 384 ff.
Paul, S. 489 f.
Thommen/Achleitner, S. 319 f.
Wöhe/Döring, S. 321 f.

Aufgabe 5: Materialwirtschaft und Logistik/Bestellverfahren

Wissen/Anwenden
Bearbeitungszeit: rund 15 Minuten

1. Aufgabenstellungen

a) Erläutern Sie Begriff und Merkmale der vier nachfolgend genannten Beschaf-fungsformen (Sourcing-Konzepte) und stellen Sie mögliche Vorteile des
  - Local Sourcing gegenüber dem Global Sourcing
  - Modular Sourcing gegenüber dem traditionellen Sourcing dar.

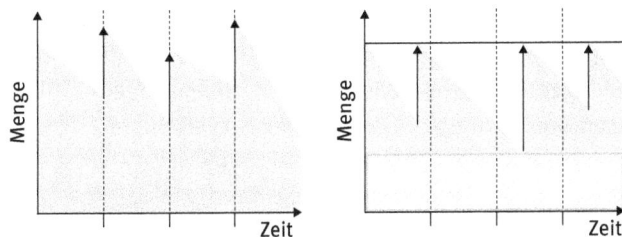

Abbildung 9: Lagerhaltungspolitiken

b) Stellen Sie die beiden Grundkonzepte des Bestellpunkt- und Bestellrhythmusverfahrens dar und zeigen Sie anhand der beiden Grafiken (Abbildung 9) den Unterschied zwischen einer Bestellpunkt-Lagerniveau-Politik und einer Bestellrhythmus-Losgrößen-Politik auf.

2. Lösungen

Zu a)

Local Sourcing:
Waren und Dienstleistungen kommen aus der unmittelbaren Umgebung; Local Sourcing ist insbesondere geeignet für empfindliche Güter, für Güter mit einem ungünstigen Verhältnis von Güterpreis und Transportkosten sowie für versorgungskritische Güter.

Global Sourcing:
Die Ausweitung der Materialbeschaffung erfolgt im Sinne einer internationalen Beschaffungsstrategie systematisch auf weltweite Beschaffungsquellen.

Vorteile des Local Sourcing gegenüber dem Global Sourcing:
– Kurze Wege und deswegen geringe Transportkosten.
– Geringe Prozesskosten durch
– gleiche Mentalität, Sprache und Währung,
– gleiches Rechtssystem.
– Flexibilität bei kurzfristigen Änderungen.

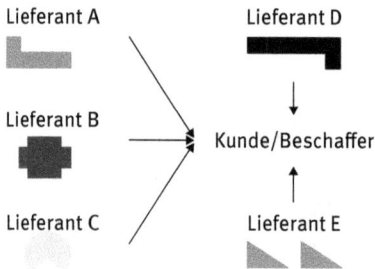

Abbildung 10: Traditionelles Sourcing

Traditionelles Sourcing:
Beim traditionellen Sourcing erfolgt die Lieferung in vielen Einzelteilen mit (ebenso) vielen Schnittstellen zu Lieferanten (siehe Abbildung 10). Tendenziell ist diese Beschaffungsform mit hohen Lagerhaltungs- und Prozesskosten verbunden.

Modular Sourcing:
Der Beschaffer reduziert seine Wertschöpfungstiefe und konzentriert seinen Beschaffungsprozess auf wenige Modullieferanten (siehe Abbildung 11).

Lieferant A

Lieferant B

Modullieferant 1

Lieferant C

Montagestandort
des Kunden/
Beschaffers

Modullieferant 2

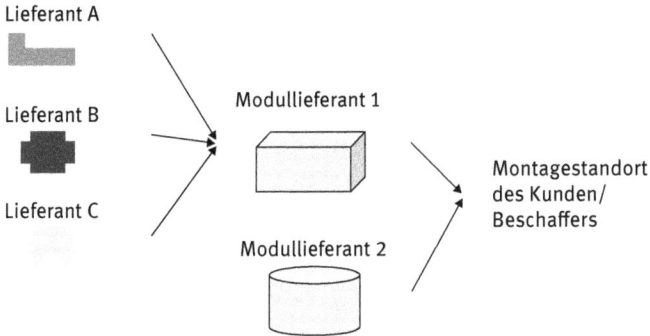

Abbildung 11: Modular Sourcing

Vorteile des Modular Sourcing gegenüber dem traditionellen Sourcing:
–   Schnittstellenreduktion zwischen Lieferant und Auftraggeber
–   Geringere Lagerhaltungs- und Prozesskosten
–   Übertragung von Verantwortung auf die Modullieferanten

Zu b)
In Bestellrhythmusverfahren erfolgen Bestellungen in zeitlich vorab definierten (fixen) Bestellrhythmen. Dabei wird entweder in festgelegten Zeitabständen eine fixe Menge bestellt oder es wird in festgelegten Zeitabständen jeweils eine variable Menge beschafft, die den Lagerbestand auf einen vorab festgelegten Sollbestand auffüllt. In der linken Grafik von Abbildung 9 wird in regelmäßigen (fixen) Rhythmen eine fixe Bestellmenge (Losgröße) bestellt, sodass es sich hier um eine Bestellrhythmus-Losgrößen-Politik handelt. Diese führt bei unregelmäßigen Lagerabgängen zu stark schwankenden Lagerniveaus.

In Bestellpunktverfahren wird eine Bestellung immer dann ausgelöst, wenn der Lagerbestand eine festgelegte Höhe (Meldebestand oder Bestellpunkt) erreicht oder unterschreitet. Bei der Bestellpunkt-Losgrößen-Politik wird bei Erreichen des Bestellbestandes eine bestimmte (fixe) Losgröße bestellt, bei der Bestellpunkt-Lagerniveau-Politik wird bei Erreichen des Bestellpunktes diejenige Menge bestellt, die den Lagerbestand auf den festgelegten Sollbestand auffüllt. Bei beiden Verfahren sind die Bestellzeitpunkte variabel, da sie sich der Veränderung des Lagerabgangs anpassen. In der rechten Grafik von Abbildung 9 handelt es sich um die Bestellpunkt-Lagerniveau-Politik, bei der sowohl der Bestellzeitpunkt als auch die Bestellmenge variabel ist. Das Lagerniveau befindet sich nach einer Bestellung immer auf dem Soll- bzw. Höchststand.

3. Hinweise zu den Lösungen

Das Ziel der Materialbedarfsplanung besteht darin, die für den Leistungserstellungsprozess benötigten Materialien im Hinblick auf Art, Qualität, Menge und zeitliche

Verteilung möglichst genau zu bestimmen. Die unterschiedlichen Sourcing- und Bestellverfahren dienen dazu, die genannten Kriterien optimal für das jeweilige Unternehmen auszubalancieren.

4. Literaturempfehlungen

Jung, S. 327 f., S. 384 ff.

Paul, S. 489 f.

Thommen/Achleitner, S. 319 f.

Wöhe/Döring, S. 321 f.

Aufgabe 6: Materialwirtschaft und Logistik/Optimale Bestellmenge

Anwenden

Bearbeitungszeit: rund 15 Minuten

1. Aufgabenstellungen

Ein PKW-Hersteller benötigt für die Produktion im Werk Sondelfungen 1 Mio. Sommerreifen pro Jahr. Der Preis pro Sommerreifen beträgt 62,50 €, der Lagerkostensatz insgesamt 16 %. Die bestellfixen Kosten wurden vom Controlling mit 4.500 € ermittelt. Die Berechnung soll mit der nachfolgenden Formel durchgeführt werden.

$$x_{opt} = \sqrt{\frac{200 \, a \, M}{p \, q}}$$

a) Berechnen Sie die optimale Bestellmenge für die Sommerreifen sowie die Anzahl der Bestellungen pro Jahr und verdeutlichen Sie Ihre Vorgehensweise anhand einer Grafik (schematisch ohne Werte).

b) Erläutern Sie die Annahmen und die Grenzen des Modells der optimalen Bestellmenge.

Tabelle 16: Bestandteile Bestellgrößenformel

Formelbestandteile	Werte
Bedarf (M)	1.000.000 Reifen pro Jahr
Bestellfixe Kosten (a)	4.500 €
Preis pro Reifen (p)	62,50 €
Lagerkostensatz (q)	16 %

2. Lösungen

Zu a)
Das ergibt dann:

$$x_{opt} = \sqrt{\frac{200\ a\ M}{p\ q}} = \sqrt{\frac{200\ x\ 4.500\ x\ 1.000.000}{62,50\ x\ 16}} = \sqrt{900.000.000} = 30.000$$

Die optimale Bestellmenge sind jeweils 30.000 Reifen pro Bestellung.

Daraus resultiert, dass der PKW-Hersteller **34 Bestellungen** (1.000.000 Reifen/ 30.000 Reifen pro Bestellung = 33,33 Bestellungen) pro Jahr durchführen sollte.

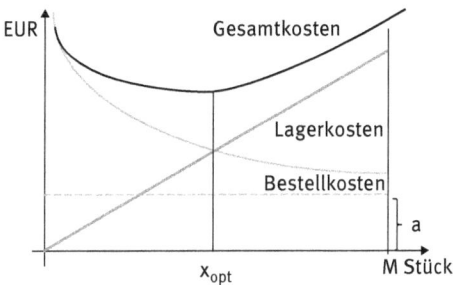

Abbildung 12: Optimale Bestellmenge

Die optimale Bestellmenge nach der Andler'schen Bestellgrößenformel ist der Punkt, an dem die Summe der fixen Bestellkosten und der variablen Lagerkosten ihr Minimum annehmen. Die Grafik (Abbildung 12) verdeutlicht den Zielkonflikt zwischen den bestellfixen Beschaffungskosten einerseits und den variablen Lagerkosten andererseits: Werden große Mengen in langen Zeitabständen beschafft, resultiert daraus ein hoher Lagerbestand mit hohen Lager- und Kapitalbindungskosten. Werden geringe Mengen in kurzen Zeitabständen beschafft, resultieren daraus steigende Beschaffungskosten, da sich die fixen Bestellkosten auf eine geringe Menge beziehen. Im Punkt der optimalen Bestellmenge weisen die Gesamtkosten ihr Minimum auf.

Zu b)
Die Grenzen des Andler'schen Bestellgrößenmodells liegen in den zugrunde liegenden Prämissen. Folgende Prämissen sind als realitätsfremd einzustufen:
–   Ein einziges Lagergut verlässt mit konstanter Rate das Lager. Die Auffüllung erfolgt durch Beschaffung mit einer konstanten Losgröße.

Dabei gilt:
–   Unabhängigkeit der Einstandspreise von der Bestellmenge,
–   Unabhängigkeit der fixen Kosten von der Bestellmenge,

- Unabhängigkeit der Lagerhaltungskosten von der Bestellmenge.
- Es gibt keine Unsicherheit bezüglich der Planungsdaten und alle angegebenen Raten und Kostensätze verhalten sich über eine unbegrenzte Zeitdauer konstant.
- Es liegen keinerlei Beschränkungen der Lagerkapazitäten vor, d. h. es können auch beliebig große Lose eingelagert werden.
- Aufgrund des deterministischen Lagerabgangs und der Annahme entfallender Lieferfristen kann auf Sicherheitsbestände verzichtet werden. Das Lager wird also bis zu jedem erneuten Bestellvorgang vollständig geleert.
- Änderungen in der Produktqualität sind ausgeschlossen.

3. Hinweise zu den Lösungen

Das Ziel der Materialbedarfsplanung besteht darin, die für den Leistungserstellungs-prozess benötigten Materialien im Hinblick auf Art, Qualität, Menge und zeitliche Verteilung möglichst genau zu bestimmen. Nachdem die diversen Materialien hinsichtlich ihrer Bedeutung klassifiziert worden sind, stellt sich im Rahmen der Anwendung bestimmter Bestellverfahren die Frage nach der optimalen Bestellmenge.

4. Literaturempfehlungen

Jung, S. 390 f.
Paul, S. 489 f.
Schierenbeck/Wöhle, S. 255 ff.
Thommen/Achleitner, S. 319 f.
Wöhe/Döring, S. 321 f.

8 Produktion

Aufgabe 1: Produktion/Kostentheorie

Wissen/Anwendung/Transfer
Bearbeitungszeit: rund 15 Minuten

1. Aufgabenstellungen

a) Was versteht man unter einer Kostenfunktion?
b) Was versteht man unter Gesamtkosten, Grenzkosten, Stückkosten? Beschreiben Sie die einzelnen Begriffe kurz. Welche weitere Unterteilung der Kosten kennen Sie?
c) Gegeben sei die unten dargestellte Kostenfunktion in Abbildung 13 (Gesamtkosten). Skizzieren Sie den Verlauf der Grenz- und Stückkosten. Tragen Sie eine Erlösfunktion für einen konstanten Absatzpreis p ein. Welche Schlussfolgerungen lassen sich im Hinblick auf die Festlegung der Produktionsmenge ziehen?

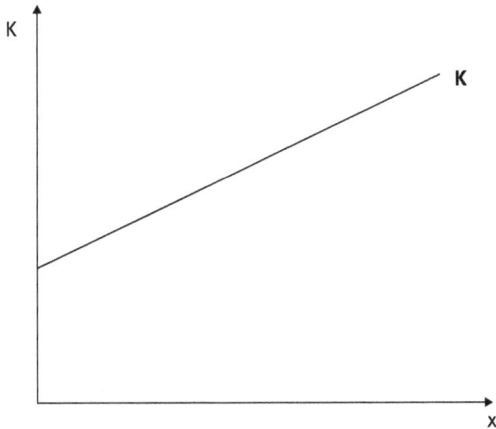

wobei K die Gesamtkosten darstellt und x die Ausbringungsmenge

Abbildung 13: Kostenfunktion

2. Lösungen

Zu a)
Eine Kostenfunktion stellt einen formalen (mathematischen) Zusammenhang zwischen der Produktionsmenge x und den für diese Produktionsmenge entstehenden Kosten K her:

DOI 10.1515/9783110481822-008

$$K(x) = f(x).$$

Zu b)

Gesamtkosten sind sämtliche Kosten, die für eine bestimmte Produktionsmenge entstehen. Eine Kostenfunktion gibt die Gesamtkosten für eine bestimmte Produktionsmenge an.

Grenzkosten sind die Kosten, die für die letzte produzierte Einheit zusätzlich entstehen. Mathematisch betrachtet sind die Grenzkosten die erste Ableitung der Kostenfunktion.

Stückkosten sind die durchschnittlichen Kosten pro Stück für eine bestimmte Produktionsmenge, d. h. man teilt die Gesamtkosten für diese Produktionsmenge durch die Produktionsmenge:

$$k(x) = \frac{K(x)}{x}.$$

Ergänzend kann man unterscheiden:
Fixe Kosten sind unabhängig von der Produktionsmenge.
Variable Kosten sind abhängig von der Produktionsmenge.

oder
Proportionale Kosten steigen proportional (in relativ gleichem Umfang) wie die Produktionsmenge.
Progressive Kosten steigen schneller als die Produktionsmenge.
Degressive Kosten steigen langsamer als die Produktionsmenge.

oder
Direkte Kosten sind einzelnen Produkten bzw. Produktionsvorgängen unmittelbar zurechenbar (und daher im Regelfall variable Kosten).
Gemein- (indirekte) Kosten sind nicht einzelnen Produkten oder Produktionsvorgängen, sondern nur größeren Einheiten zurechenbar und müssen dann kostenrechnerisch verteilt werden (Gemeinkosten können variable oder fixe Kosten sein).

Zu c)

Wie in Abbildung 14 zu erkennen ist, beinhaltet diese Kostenfunktion einerseits Fixkosten (der Y-Achsenabschnitt der Kostenfunktion), andererseits lineare variable Kosten mit der Folge, dass die Grenzkosten konstant sind. Sofern der Absatzpreis p über den Grenzkosten K´ liegt, wird mit jedem verkauften Stück ein positiver Deckungsbeitrag erreicht (Definition Deckungsbeitrag: Preis abzüglich der variablen Kosten). Diese Deckungsbeiträge (hier konstant) führen dazu, dass schrittweise die Fixkosten gedeckt werden. In dem Punkt, in dem die Kostenfunktion die Erlösgerade schneidet, ist die Kostendeckung erreicht. Dies ist die sogenannte Gewinnschwelle oder der Break-Even-Point: Ab dieser Produktionsmenge wird Gewinn erzielt, bis zu dieser Produktionsmenge wird Verlust gemacht. An der Gewinnschwelle entspricht der Preis p den Stückkosten k.

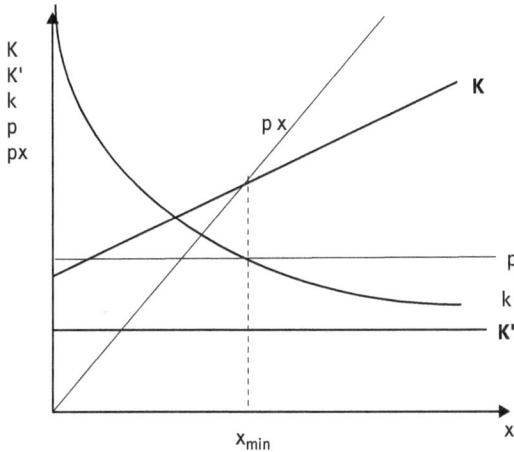

wobei	K	Gesamtkosten	x	Ausbringungsmenge
	K'	Grenzkosten	p	Absatzpreis
	k	Stückkosten	px	Erlösgerade

Abbildung 14: Kostenfunktion (Lösung)

Langfristig können Unternehmen nur mit Produktionsmengen oberhalb der Gewinnschwelle überleben. Produktionsmengen unterhalb der Gewinnschwelle führen – bei unverändertem Verhalten – irgendwann in die Insolvenz.

3. Hinweise zu den Lösungen

Produktions- und Kostentheorie ist die formale Betrachtung der Produktionsvorgänge in einem Unternehmen. Dabei stellt eine Produktionsfunktion einen funktionalen Zusammenhang zwischen den Einsatzmengen der Produktionsfaktoren und der Produktionsmenge her, während eine Kostenfunktion den Zusammenhang zwischen der Produktionsmenge und den dadurch verursachten Kosten darstellt.

Auch wenn es im betrieblichen Alltag nur schwer möglich ist, Kosten- oder Produktionsfunktionen präzise abzuleiten, stellt diese abstrakte Darstellungsform der Zusammenhänge eine gute Schulung für das Erkennen und Beurteilen von Wirkungszusammenhängen dar.

4. Literaturempfehlungen

Jung, S. 440 ff.

Thommen/Achleitner, S. 401 ff.

Wöhe/Döring, S. 293 ff.

Aufgabe 2: Produktion/Anwendung von Produktions- und Kostenfunktionen

Wissen/Anwenden
Bearbeitungszeit: rund 15 Minuten

1. Aufgabenstellungen

a) Beschreiben Sie die Prämissen und die Inhalte der Produktionsfunktionen vom Typ A und Typ B und zeigen Sie wesentliche Unterschiede auf.

b) Stellen Sie den Verlauf der Grenzkosten-, der Durchschnittskosten- und der variablen Durchschnittskostenfunktion einer ertragsgesetzlichen Kostenfunktion grafisch dar. Erläutern Sie anhand Ihrer Darstellung die (vier) unterschiedlichen Phasen der Kostenfunktionen.

c) Warum kommt es bei einer Kombination der ertragsgesetzlichen Kostenfunktion mit einer linearen Erlösfunktion zu einer Gewinnschwelle und Gewinngrenze?

2. Lösungen

Zu a)
Die Produktionsfunktion vom Typ A basiert auf substitutionalen Produktionsfaktoren mit der Möglichkeit des zumindest teilweisen Austausches zwischen den Einsatzmengen der zur Produktion erforderlichen Produktionsfaktoren. Sie wird auch als ertragsgesetzliche Produktionsfunktion bezeichnet. Gemäß dem Ertragsgesetz (präziser: Gesetz des abnehmenden Grenzertrags) nimmt der Output bei kontinuierlich vermehrtem Faktoreinsatz zunächst mit steigenden Zuwachsraten (= Grenzerträgen) zu und steigt ab einem bestimmten Punkt (Wendepunkt) nur noch mit abnehmenden Grenzerträgen. Wird der Faktoreinsatz darüber hinaus gesteigert, kann dies zu einem Sinken des Outputs führen. Als Beispiel wird im Schrifttum der überhöhte Einsatz von Düngemitteln in der Landwirtschaft angeführt, der zu einer Bodenvergiftung führen und die Outputmengen sogar im Vergleich zur Ausgangssituation reduzieren kann. Ähnliche Beobachtungen können auch bei den Produktionsfaktoren Wärme und Wasser in der landwirtschaftlichen Produktion gemacht werden.

Diese – primär im Bereich der Landwirtschaft zu beobachtende Gesetzmäßigkeit – ist auf den industriellen Bereich oftmals nicht direkt übertragbar. Zwar ist auch hier die Höhe des Ertrages von den Faktoreinsatzmengen abhängig, jedoch wird diese Abhängigkeit aus Verbrauchsfunktionen abgeleitet. Diese werden auf technischer Grundlage ermittelt und geben für jede einzelne Faktorart die Beziehungen zwischen dem Faktorverbrauch und den Outputmengen wieder. Der Hauptunterschied zur Produktionsfunktion vom Typ A besteht darin, dass die Produktionsfunktion vom Typ B auf limitationalen Produktionsfaktoren basiert; im Falle eines stets konstanten Einsatzverhältnisses der Faktoreinsatzmengen spricht man von linear-limitationalen Produktionsfunktionen. Im Unterschied zur Produktionsfunktion des Typs A würde jegliche Änderung dieses Einsatzverhältnisses gegen das Effizienzprinzip verstoßen.

Zu b)

Beziehungen zwischen den Kostenfunktionen

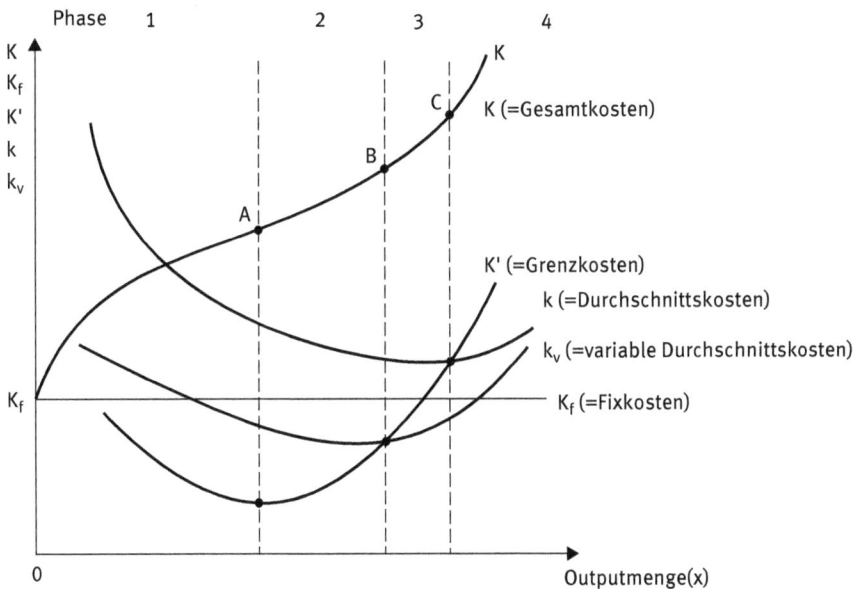

Abbildung 15: Ertragsgesetzliche Kostenfunktion

Abbildung 15 zeigt die vier Phasen einer ertragsgesetzlichen Kostenfunktion:

Phase 1: Die Gesamtkosten (K) steigen mit abnehmendem Steigungsmaß an, d. h. die Grenzkosten (K') sind positiv, aber nehmen ab. Am Ende der Phase 1 hat die Gesamtkostenfunktion ihren Wendepunkt (Punkt A), die Grenzkosten erreichen ihr Minimum. Die Durchschnittskosten (k = Stückkosten) und die variablen Durchschnittskosten (k_v = variable Stückkosten) verringern sich.

Phase 2: Die Gesamtkosten (K) wachsen mit zunehmendem Steigungsmaß an, d. h. die Grenzkosten (K') nehmen ab dem Wendepunkt A (dem Beginn der Phase 2) wieder zu. Am Ende der Phase 2 erreichen die fallenden variablen Durchschnittskosten (k_v) ihr Minimum (Punkt B). An dieser Stelle entsprechen sie den Grenzkosten (K'). Die Durchschnittskosten (k) nehmen noch immer ab, da die Fixkostendegression noch überwiegt.

Phase 3: Gesamtkosten (K), variable Durchschnittskosten (k_v) und Grenzkosten (K') steigen an. Die Durchschnittskosten (k) jedoch fallen weiter und erreichen erst am Ende der Phase 3 ihr Minimum (Punkt C). An dieser Stelle sind sie mit den Grenzkosten (K') identisch.

Phase 4: Alle Kosten steigen an, da die Zunahme der Grenzkosten größer als die Fixkostendegression ist.

Zu c)

Gewinnschwelle und Gewinngrenze resultieren aus den Besonderheiten der ertragsgesetzlichen Kostenfunktion: Durch den zu Beginn unterproportionalen Kostenzuwachs bei der Erhöhung der Ausbringungsmenge kommt es zunächst zu sinkenden Grenzkosten und zu sinkenden variablen Durchschnittskosten. Bei einer kontinuierlichen Erlösfunktion führt dies in Verbindung mit den sinkenden Fixkosten pro Stück dazu, dass die Durchschnittskosten bei einer Steigerung des Outputs zunächst unter den Preis sinken können und damit die Gewinnzone erreicht wird.

Ab dem Ende der Phase 3 kommt es jedoch zu einem gegenläufigen Effekt: Die variablen Stückkosten steigen so überproportional stark an, dass dies nicht mehr durch das Sinken der Fixkosten pro Stück ausgeglichen werden kann. Damit steigen ab einer gewissen Outputmenge auch die Durchschnittskosten wieder, was bei gleichbleibenden Erlösen ab einem bestimmten Punkt zu Verlusten führt (= Erreichen der Gewinngrenze).

3. Hinweise zu den Lösungen

Eine Gewinnschwelle kann – sofern sie für alle Marktteilnehmer relevant ist – eine Markteintrittsbarriere für neue Anbieter darstellen, da ohne das Erreichen dieser Mindestabsatzmenge kein Gewinn gemacht werden kann.

Eine Gewinngrenze stellt dagegen eine Grenze für die Marktkonzentration dar, d. h. Zusammenschlüsse (oder die Produktion) über ein bestimmtes Maß hinaus sind nicht rentabel (es sei denn, durch die Zusammenschlüsse an sich verändern sich die Kostenfunktionen).

Im Rahmen der Produktions- und Kostentheorie erfolgt eine formale Betrachtung der Produktionsvorgänge in einem Unternehmen. Dabei stellt eine Produktionsfunktion einen funktionalen Zusammenhang zwischen den Einsatzmengen der Produktionsfaktoren und der Produktionsmenge her, während eine Kostenfunktion den Zusammenhang zwischen der Produktionsmenge und den dadurch verursachten Kosten darstellt.

Auch wenn es im betrieblichen Alltag nur schwer möglich ist, Kosten- oder Produktionsfunktionen präzise abzuleiten, stellt diese abstrakte Darstellungsform der Zusammenhänge eine gute Schulung für das Erkennen und Beurteilen von Wirkungszusammenhängen dar.

4. Literaturempfehlungen

Bea/Friedl/Schweitzer, S. 202 f.

Jung, S. 440 ff.

Schierenbeck/Wöhle, S. 271 f.

Thommen/Achleitner, S. 401 f.

Wöhe/Döring, S. 284 f.

Aufgabe 3: Produktion/Kapazität und Programmplanung

Wissen/Anwenden
Bearbeitungszeit: rund 10 Minuten

1. Aufgabenstellungen

a) Erklären Sie den Begriff der (quantitativen) Kapazität und beschreiben Sie kurz die produktionsseitigen Grundformen der Anpassung an eine höhere (oder niedrigere) Kapazitätsnachfrage.

b) Nehmen Sie an, Sie seien der Inhaber eines Restaurants, vor dessen Tür eine größere Anzahl von Gästen geduldig darauf wartet, bei Ihnen zu speisen. Sie haben für den Rest des Abends (6 Stunden) noch einen einzigen Tisch frei, den Sie einmal oder mehrmals hintereinander mit wartenden Gästen besetzen können. Folgende Informationen über die geplante Dauer des Aufenthalts und die Speiseauswahl liegen Ihnen vor.

Tabelle 17: Alternativen Programmplanung

Kategorie	Preis pro Mahlzeit in €	Selbstkosten pro Mahlzeit in €	Variable Kosten pro Mahlzeit in €	Geplante Dauer des Aufenthalts in Stunden
A	50	40	15	2
B	40	25	10	1
C	36	30	16	0,5

Begründen Sie (inhaltlich und rechnerisch), welche Kategorie der Gäste Sie wählen sollten, damit der Tisch für den Rest des Abends den maximal möglichen Gewinn erzielt.

2. Lösungen

Zu a)

Mit dem Begriff der Kapazität wird das mengenmäßige Leistungsvermögen eines Produktionssystems beschrieben. Hierbei wird in der Regel auf die technisch determinierte, d. h. die maximale Leistungsfähigkeit abgestellt, die sich als Produkt aus maximaler Leistungsintensität (I), Leistungsquerschnitt (Q) und maximaler Nutzungsdauer (T) der Einheit während der betrachteten Periode ergibt. Daraus ergeben sich die drei Anpassungsformen:

- zeitliche Anpassung (bspw. durch Umstellung von Zwei- auf Drei-Schichtbetrieb),
- querschnittsmäßige (quantitative) Anpassung (d. h. Erhöhung der Anzahl der maximal gleichzeitig einsetzbaren Potenzialfaktoren) und
- intensitätsmäßige Anpassung (d. h. Variation der Arbeitsgeschwindigkeit, bspw. durch Erhöhung der Taktzahl).

Zu b)

Die Auswahl sollte anhand der relativen Deckungsbeiträge pro Stunde getroffen werden, da hier eine Engpasssituation vorliegt. Die Gäste der Kategorie A weisen zwar den höchsten absoluten Deckungsbeitrag auf (35 € pro Besuch), aber es können in sechs Stunden nur drei von ihnen bedient werden. Der erzielbare Gewinn wäre insgesamt 105 € (=17,50 €/h x 6 h). Die Bedienung der C-Gäste führt zwar nur zu einem absoluten Deckungsbeitrag in Höhe von 20 € pro Besuch, der relative Deckungsbeitrag (Deckungsbeitrag pro Stunde) ist mit 40 € pro Stunde jedoch höher. Folglich sollte aus Sicht der Gewinnmaximierung die Auswahl der C-Gäste angestrebt werden, da mit ihnen der größtmögliche Gewinn in Höhe von 240 € (=40 €/h x 6h) erzielt werden kann.

3. Hinweise zu den Lösungen

Die oben gestellte Frage bezieht sich auf die Programmplanung bei einem Engpass; Entscheidungskriterium ist dabei der relative Deckungsbeitrag. Im Fall von nicht ausgelasteten Kapazitäten (wenn also kein Engpass vorliegt) ist das Kriterium der absolute Deckungsbeitrag, d. h. jeder Auftrag, der einen zusätzlichen Beitrag zur Fixkostendeckung liefern kann, sollte auch akzeptiert werden. Bestehen mehrere Engpässe, müssen Verfahren der linearen Optimierung angewendet werden.

Im Rahmen der Produktions- und Kostentheorie erfolgt eine formale Betrachtung der Produktionsvorgänge in einem Unternehmen. Dabei stellt eine Produktionsfunktion einen funktionalen Zusammenhang zwischen den Einsatzmengen der Produktionsfaktoren und der Produktionsmenge her, während eine Kostenfunktion den Zusammenhang zwischen der Produktionsmenge und den dadurch verursachten Kosten darstellt.

Auch wenn es im betrieblichen Alltag nur schwer möglich ist, Kosten- oder Produktionsfunktionen präzise abzuleiten, stellt diese abstrakte Darstellungsform der Zusammenhänge eine gute Schulung für das Erkennen und Beurteilen von Wirkungszusammenhängen dar.

4. Literaturempfehlungen

Bea/Friedl/Schweitzer, S. 202 f.

Jung, S. 440 ff.

Schierenbeck/Wöhle, S. 271 f.

Thommen/Achleitner, S. 401 f.

Wöhe/Döring, S. 284 f.

Aufgabe 4: Produktion/Produktionstypen

Wissen
Bearbeitungszeit: rund 15 Minuten

1. Aufgabenstellung

Erläutern Sie die Elementartypen der Produktion (nach dem Wiederholungsgrad) und geben Sie je ein Produktbeispiel. Beschreiben Sie darüber hinaus die Organisationstypen der Produktion „Werkstattproduktion" und „Fließproduktion" und stellen Sie die Vor- und Nachteile der Werkstatt- gegenüber der Fließproduktion dar.

2. Lösung

Es existieren zahlreiche Kriterien zur Systematisierung von Produktionstypen, bspw. der Wiederholungsrad und der Organisationsgrad der Produktion.

Elementartypen der Produktion (nach Wiederholungsgrad)

Die Unterscheidung der Elementartypen Einzel-, Serien-, Sorten- und Massenfertigung basiert zum einen auf der Produktmenge, zum anderen auf der Differenziertheit der Produkte.

- Einzelfertigung: Bei der Einzelfertigung ist jedes Produkt eine Individuallösung, die nach speziellen Kundenwünschen gefertigt wird. Im Normalfall wird lediglich ein einziges Produkt hergestellt (Losgröße 1). Ein Beispiel für die Einzelfertigung ist die Herstellung von Sondermaschinen.
- Serienfertigung: In der Serienfertigung werden mehrere Produkte hintereinander in einer begrenzten Stückzahl hergestellt. Die Produkte sind ähnlich, jedoch

fertigungstechnisch, d. h. in Formgebung oder Konstruktion, unterschiedlich. Sie werden auf verschiedenen oder gleichen (dann allerdings mit erheblichem Umrüstaufwand anzupassenden) Produktionsanlagen gefertigt. Man kann zwischen Kleinserien- (Beispiel Fertighäuser) und Großserienfertigung (Beispiel Automobile) unterscheiden.

– Sortenfertigung: Auch bei der Sortenfertigung wird eine begrenzte Anzahl von Produkten gefertigt, die allerdings sowohl fertigungstechnisch als auch in Bezug auf die verwendeten Ausgangsmaterialien eng verwandt sind. Bei der Sortenfertigung werden die gleichen Produktionsanlagen (ohne größeres Umrüsten) verwendet. Der Übergang zwischen Serien- und Sortenfertigung ist fließend. Beispielhaft für die Sortenfertigung steht die Bekleidungsindustrie, in der Herrenanzüge unterschiedlicher Größen und Stoffarten hergestellt werden. Ein anderes Beispiel ist die Herstellung von Lebensmitteln mit leichten Variationen, z. B. die Herstellung von Joghurt oder Schokolade in verschiedenen Geschmacksrichtungen.

– Massenfertigung: Bei der Massenfertigung wird eine einzige Produktart in sehr großen Mengen auf den gleichen Anlagen produziert. Dabei wird ein und derselbe Fertigungsprozess nahezu ununterbrochen wiederholt. Ein Beispiel hierfür ist die Herstellung von Zigaretten.

Werkstattproduktion und Fließproduktion

Die Werkstatt- und die Fließproduktion werden anhand des Kriteriums Organisationsgrad der Produktion unterschieden.

– Werkstattproduktion: Bei der Werkstattproduktion folgen die Werkstücke/Produkte den Betriebsmitteln. Die Prozessfolge bei der Produktion wird nach den erforderlichen Verrichtungen und der innerbetrieblichen Anordnung der Werkstätten bestimmt. Man spricht hier vom Verrichtungsprinzip, bei dem die einzelnen Arbeitssysteme funktionsspezifisch und räumlich zusammengefasst werden.

– Fließproduktion: Im Gegensatz zur Werkstattproduktion steht bei der Fließproduktion der Materialfluss im Vordergrund. Hier folgen die Betriebsmittel den Produkten, das heißt die Arbeitssysteme sind so angeordnet und räumlich zusammengefasst, wie es die technologische Prozessabfolge im Rahmen der Produkterstellung erfordert (Objektprinzip).

Vorteile der Werkstattproduktion gegenüber der Fließproduktion

– Hohe Flexibilität bei Beschaffungsschwankungen.
– Hohe Anpassungsfähigkeit bei Nachfrageänderungen.
– Geringe Umstellzeiten und -kosten.
– Geringere Kapitalbindung durch Betriebsmittel.
– Große Handlungsspielräume der Mitarbeiter (und dadurch weniger Monotonie).

Nachteile der Werkstattproduktion gegenüber der Fließproduktion
- Längere Transportwege und höhere Transportkosten im Betrieb.
- Bildung von Zwischenlagern und großer Platzbedarf, dadurch in dieser Hinsicht höhere Kapitalbindung.
- Lange Durchlaufzeiten.
- Hohe Anforderungen an die Fertigungsplanung und -steuerung.
- Ungleichmäßige Kapazitätsauslastung.
- Keine Realisierung von Vorteilen, die aus einer starken Arbeitsteilung resultieren.

3. Hinweise zur Lösung

Da es sich beim Produktionsgeschehen in der Praxis um sehr viele unterschiedliche Sachverhalte handelt, dient eine Typisierung von Produktionssystemen der Erfassung und Offenlegung der in der produktionswirtschaftlichen Realität bestehenden Heterogenität – mit dem Ziel, die Auswahl von Planungs-, Steuerungs- und Kontrollinstrumenten situationsspezifisch zu erleichtern.

4. Literaturempfehlungen

Jung, S. 488 ff.
Thommen/Achleitner, S. 361 ff.
Wöhe/Döring, S. 345 ff.
Zahn/Schmid, S. 131 ff.

9 Marketing

Aufgabe 1: Marketing/Produktpolitik

Wissen/Anwenden
Bearbeitungszeit: rund 15 Minuten

1. Aufgabenstellung

Erläutern Sie, was man im Rahmen des Marketing unter dem Begriff Produktpolitik versteht und welche produktpolitischen Möglichkeiten einem Unternehmen zur Verfügung stehen. Geben Sie für jede produktpolitische Möglichkeit ein (ggf. fiktives) Beispiel Ihrer Wahl.

2. Lösung

Zum Begriff Produktpolitik

Die Produktpolitik (häufig auch als Produkt- und Programmpolitik bezeichnet) ist ein zentrales Element des Marketing-Mix. Sie befasst sich (aus markt- und kompetenzbasierter Sicht) mit allen Entscheidungstatbeständen, die mit der art- und mengenmäßigen Gestaltung der vom Unternehmen auf dem Absatzmarkt anzubietenden Produkte und Leistungen verbunden sind.

Produktpolitische Möglichkeiten

Im Hinblick auf die Gestaltung der Produkte bzw. des Produktprogramms stehen einem Unternehmen zahlreiche produktpolitische Möglichkeiten zur Verfügung.

- Produktbeibehaltung: Das bestehende Produktprogramm eines Unternehmens wird unverändert beibehalten. Gründe hierfür können z. B. sein, dass Nachfrageänderungen nicht erkannt werden, dass keine neuen Marktchancen gesucht werden oder dass einfach keine Notwendigkeit für eine Änderung vorliegt. Ein Beispiel hierfür ist eine Uhrenmanufaktur, die seit jeher ein gleichbleibendes Programm klassischer, mechanischer Uhren anbietet und sich nicht Modetrends unterwerfen möchte.
- Produktveränderung: Bei der Produktveränderung werden die ursprünglichen Produkte, bei einer grundsätzlichen Beibehaltung der Produktkonzeption (z. B. im Hinblick auf die verwendeten Technologien oder die Funktion des Produktes), modifiziert. Dabei kann zwischen einer Produktvariation und einer Produktdifferenzierung unterschieden werden. Bei der Produktvariation wird das bisherige Produkt durch eine veränderte Ausführung ersetzt (Beispiel neue Auflage eines Lehrbuchs), bei der Produktdifferenzierung wird zusätzlich zum bisherigen Produkt eine modifizierte Variante angeboten (so könnte z. B. ein Waschmittelhersteller zusätzlich zu seinem bisherigen, geruchsneutralen Waschmittel weitere Varianten mit verschiedenen Duftrichtungen anbieten).

DOI 10.1515/9783110481822-009

- Produktdiversifikation: Unter Produktdiversifikation wird die Aufnahme von für das Unternehmen neuen Produkten in das Leistungsprogramm verstanden. Dabei kann es sich um Angebote mit einer Verwandtschaft zum bisherigen Programm, aber auch um völlig neue Betätigungsfelder handeln. Unterschieden werden können:
  - Horizontale Diversifikation: Einführung eines artverwandten Produktes auf der gleichen Wertschöpfungsstufe wie das bisherige Produkt (z. B. bietet eine Brauerei jetzt auch Fruchtsäfte an).
  - Vertikale Diversifikation: Es werden Leistungen aus vor- oder nachgelagerten Wertschöpfungsstufen in das Programm aufgenommen (z. B. betätigt sich eine Brauerei im Anbau von Hopfen).
  - Laterale Diversifikation: Das Unternehmen dringt in völlig neue Betätigungsfelder ein, die nichts mit den bisherigen Leistungen zu tun haben (z. B. erweitert eine Brauerei ihre Aktivitäten auf die Herstellung von Möbeln).
- Produktinnovation: Bei der Produktinnovation wird ein für den Markt neues Produkt angeboten. Dabei kann es sein, dass ein altes Produkt von einem neuen Produkt verdrängt wird; das neue Produkt erfüllt zwar das gleiche Kundenbedürfnis wie bisher, aber basiert z. B. auf einer innovativen Technologie (so wurden bspw. Nadeldrucker von Laserdruckern abgelöst). Es kann sich aber auch um ein völlig neuartiges Produkt handeln, z. B. als Apple das iphone oder das ipad in den Markt eingeführt hat.
- Produkteliminierung: Bei der Produkteliminierung wird das Leistungsprogramm eines Unternehmens um einzelne Produktvarianten, Produktgruppen oder ganze Produktlinien bereinigt. Gründe hierfür können sein, dass sich bisherige Produkte in der Degenerationsphase befinden oder auch, dass neue Produkte sich als nicht erfolgreich erwiesen haben. Ein Beispiel hierfür wäre eine Brauerei, die ihre neu eingeführten Limonadenprodukte wieder aus dem Programm nimmt, weil sie von den Kunden nicht angenommen werden.

3. Hinweise zur Lösung

Ein verwandtes Konzept ist der sogenannte Produktlebenszyklus Dabei werden die unterschiedlichen Marktphasen eines Produkts betrachtet und in eine zeitliche Reihenfolge gebracht: Einführung, Wachstum, Reife, Sättigung, Degeneration. Dabei steigt zunächst der Umsatz stark an (Einführung und Wachstum), um dann in der Reifephase langsamer zu wachsen; danach wird der Sättigungspunkt erreicht, d. h. der Umsatz wächst nicht mehr und nimmt in der Degenerationsphase sogar ab. Kombiniert mit einer Kostenentwicklung im Zeitablauf ermöglicht das Aussagen über die Gewinnsituation eines Produkts in der jeweiligen Phase.

Die Produktpolitik ist ein wichtiges Element des sogenannten Marketing-Mix, welcher das einem Unternehmen zur Verfügung stehende absatzpolitische Instrumentarium umfasst. Bekannt ist in diesem Zusammenhang das Konzept der 4 P: Product,

Price, Place und Promotion. Entsprechend ergibt sich – unter Verwendung deutscher Begriffe – eine Aufgliederung in

- Produktpolitik,
- Preis- und Konditionenpolitik,
- Distributionspolitik und
- Kommunikationspolitik.

4. Literaturempfehlungen

Jung, S. 619 ff.

Meffert/Burmann/Kirchgeorg, S. 361 ff.

Thommen/Achleitner, S. 180 f.

Wöhe/Döring, S. 422 ff.

Aufgabe 2: Marketing/Marketingstrategien

Wissen
Bearbeitungszeit: rund 15 Minuten

1. Aufgabenstellung

Im Rahmen von marketing-strategischen Entscheidungen spielt die Frage der Ausrichtung des Unternehmens gegenüber Abnehmern und Wettbewerbern eine wesentliche Rolle. Erläutern Sie die strategischen Optionen, die einem Unternehmen im Hinblick auf die Abnehmer und im Hinblick auf die Konkurrenten zur Verfügung stehen.

2. Lösung

Zur Erzielung von Wettbewerbsvorteilen müssen Unternehmen eine strategische Stoßrichtung im Sinne einer langfristigen, umfassenden Ausrichtung definieren. Diese kann sich u. a. auf die Abnehmer oder die Konkurrenten des Unternehmens beziehen.

Abnehmergerichtete Strategien
Im Hinblick auf die Schaffung von Präferenzen bei den Abnehmern stehen einem Unternehmen prinzipiell unterschiedliche strategische Grundausrichtungen zur Verfügung.

- Innovationsorientierung: Eine Innovationsorientierung ist vor allem durch hohe Budgets für Forschung und Entwicklung, einen großen Anteil neuer Produkte am Produktprogramm sowie eine Pionierstellung im Markt gekennzeichnet. Vorteile dieser Strategie sind z. B.

– die Schaffung eines Know-How-Vorsprungs gegenüber den Konkurrenten und
– die Möglichkeit, Industriestandards zu setzen.

Nachteile können z. B.

– hohe Kosten für Forschung und Entwicklung und
– die Gefahr des Imitierens durch Wettbewerber sein.

– Qualitätsorientierung: Die Qualitätsorientierung zielt darauf ab, Wettbewerbsvorteile durch eine herausragende Qualität zu generieren und Kunden mit hohen Qualitätsansprüchen anzusprechen.

Vorteile einer Qualitätsorientierung sind z. B.

– der Schaffung eines positiven (Qualitäts-)Images und
– eine verstärkte Kundenbindung durch hohe Qualität.

Nachteile liegen z. B. in

– den höheren Kosten und
– der Nichtberücksichtigung großer (preissensibler) Marktsegmente.

– Markierungsorientierung: Bei dieser strategischen Ausrichtung werden die Präferenzen beim Kunden über eine psychologische Differenzierung geschaffen, was gerade bei homogenen Produkten von großer Bedeutung sein kann.

Vorteile einer solchen Strategie bestehen z. B. in

– einer starken Kundenbindung und
– der Schaffung eines preispolitischen Spielraums.

Nachteile können z. B.

– die höheren Kosten in der Kommunikation und
– die Konkurrenz durch billigere „Nachahmer" sein.

– Programmorientierung: Ein weiteres Kriterium zur Differenzierung im Wettbewerb stellt die Programm- oder Sortimentsbreite eines Unternehmens dar. Sie basiert darauf, dem Kunden ein breites Spektrum an Problemlösungen anbieten zu können.

Vorteile einer Programmorientierung bestehen z. B. darin

– flexibel auf individuelle Kundenwünsche eingehen und
– Synergieeffekte und Komplementaritäten zwischen den Produkten schaffen und nutzen zu können.

Nachteile sind z. B. in

– der hohen Komplexität des Leistungsprogramms und
– den damit verbunden hohen Kosten zu sehen.

– Kostenorientierung: Die Kostenorientierung setzt – im Sinne einer Kostenführerschaftsstrategie – auf Kosten- und Preisvorteile gegenüber den Konkurrenten.

Vorteile können hier z. B. in

- der Erschließung großer (durch Preisbewusstsein geprägter) Marktsegmente sowie
- der konsequenten Nutzung von Skaleneffekten gesehen werden.

Nachteile liegen z. B. in

- der Gefahr, durch günstigere Anbieter unterboten zu werden und
- dem Risiko, ein (negatives) Billigimage zu generieren.

Konkurrenzgerichtete Strategien

Auch im Hinblick auf die Positionierung gegenüber den Wettbewerbern verfügen Unternehmen über unterschiedliche strategische Optionen.

- Kooperationsstrategien: Kooperationsstrategien setzen auf eine (oftmals inhaltlich und zeitlich begrenzte) Zusammenarbeit mit Konkurrenten.

  Vorteile einer solchen Strategie sind z. B.
  - die Teilung von Kosten und Risiken sowie
  - die Schließung von Kompetenzlücken.

  Nachteile könnten z. B. in
  - einem asymmetrischen Wissensabfluss und
  - einem gewissen Verlust an Autonomie zu sehen sein.

- Konfliktstrategien: Bei einer Konfliktstrategie wird die Konfrontation mit dem Konkurrenten ganz bewusst in Kauf genommen, ja angestrebt.

  Mögliche Vorteile einer solchen Strategie sind z. B.
  - die Realisierung einer Marktführerschaft oder
  - das Verdrängen von Wettbewerbern aus dem Markt.

  Risiken bestehen z. B. darin,
  - durch den Konflikt selber (wirtschaftliche) Nachteile in Kauf nehmen zu müssen oder
  - den Konflikt zu verlieren und die eigene Position zu schwächen.

- Ausweich- und Anpassungsstrategien: Bei Ausweichstrategien versuchen Unternehmen, dem Wettbewerbsdruck durch innovative Aktivitäten oder durch die Bearbeitung spezieller (abgeschirmter) Marktsegmente zu entgehen. Ausweichstrategien sind insbesondere dann erfolgversprechend, wenn es gelingt, Spezialisierungseffekte zu schaffen und auszuschöpfen und nachhaltige Eintrittsbarrieren aufzubauen – andernfalls besteht das Risiko des Scheiterns.

  Anpassungsstrategien zielen darauf ab, die erreichte Marktposition zu erhalten. Die eigenen Wettbewerbsaktivitäten orientieren sich (im Sinne eines reaktiven Verhaltens) stark an den Aktionen der Wettbewerber. In diesem Reagieren (im Gegensatz zum Agieren) kann letztlich auch ein Risiko dieser Strategieausrichtung gesehen werden. In manchen Fällen kann ein abwartendes, defensives Verhalten aber auch die Gefahr von voreiligen oder falschen Schritten reduzieren.

3. Hinweise zur Lösung

Bei der strategischen Ausrichtung des Unternehmens kann sich das Management u. a. an unterschiedlichen Stakeholdern orientieren. Neben den in dieser Aufgabe skizzierten Stakeholdern (Abnehmer und Wettbewerber) können dies z. B. auch die Absatzmittler oder gesellschaftlichen Anspruchsgruppen sein.

4. Literaturempfehlungen

Bea/Friedl/Schweitzer, Band 3, S. 281 ff.
Meffert/Burmann/Kirchgeorg, S. 286 ff.

Aufgabe 3: Marketing/Marketing Mix

Wissen/Anwenden
Bearbeitungszeit: rund 25 Minuten

1. Aufgabenstellungen

a) Erläutern Sie die Begriffe Marktvolumen, Marktpotenzial, Marktanteil und Sättigungsgrad und zeigen Sie deren Beziehung zueinander auf.
b) Ein Unternehmen stellt Surfbretter her und weist die folgenden Daten auf:

– Materialkosten	1.200.000 €
– Lohnkosten für die Produktionsmitarbeiter	300.000 €
– Energiekosten in der Produktion	50.000 €
– Abschreibungen der Maschinen	100.000 €
– Verwaltungskosten (Gehälter, Mieten, …)	300.000 €
– Derzeitige Produktionsmenge	10.000 Stück
– Maximalkapazität	12.000 Stück
– Derzeitiger Absatzpreis	200 €

Beurteilen Sie die Angemessenheit des Absatzpreises mittels der kostenorientierten Preisbildung (Vergleich mit der kurz- und langfristigen Preisuntergrenze).
c) Der Marketingleiter lehnt die Ergebnisse der kostenorientierten Preisbildung ab und möchte den Absatzpreis stattdessen anhand der nachfrageorientierten Preisbildung festlegen. Erläutern Sie den Grundgedanken der nachfrageorientierten Preisbildung.
d) Begründen Sie (rechnerisch), ob Sie eine Preissenkung um 10 % (auf 180 €) bei einer Preiselastizität der Nachfrage von -2 empfehlen.
e) Vergleichen Sie die Bereiche Öffentlichkeitsarbeit und Werbung anhand geeigneter Kriterien.

2. Lösungen

Zu a)

Unter dem Begriff Marktpotenzial (Mp) wird die größtmögliche Aufnahmefähigkeit eines Marktes unter Berücksichtigung der vorhandenen Kaufkraft verstanden. Sie ist u. a. abhängig von der Zahl der potenziellen Käufer, deren Bedarfsintensität und den Marketing-Aktivitäten der Anbieter.

Das Marktvolumen (Mv) spiegelt den tatsächlich in der letzten Periode erzielten Absatz (mengenmäßig) oder Umsatz (wertmäßig) eines bestimmten Produktes unter Berücksichtigung der Kundengruppe, des geografischen Gebietes, der Zeitperiode, der Umweltbedingungen und des Einsatzes der Marketing-Instrumente wider.

Der Anteil des Markvolumens am Marktpotenzial wird im Schrifttum unter dem Begriff Sättigungsgrad (Sg = Mv/Mp) beschrieben. Je niedriger der Sättigungsgrad ist, umso eher lohnt sich der Einsatz der Marketing-Instrumente.

Der Marktanteil drückt aus, wie groß der Anteil eines Unternehmens am Marktvolumen ist, wobei dieser mengen- oder wertmäßig ermittelt werden kann. Marktanteil = Unternehmensumsatz/Marktvolumen (bei wertmäßiger Betrachtung). Aus dem Marktanteil sind sowohl Informationen über den Absatzerfolg als auch Informationen über die Kostensituation eines Unternehmens ableitbar (siehe Abbildung 16).

Marktgrößen und ihre Beziehung zueinander

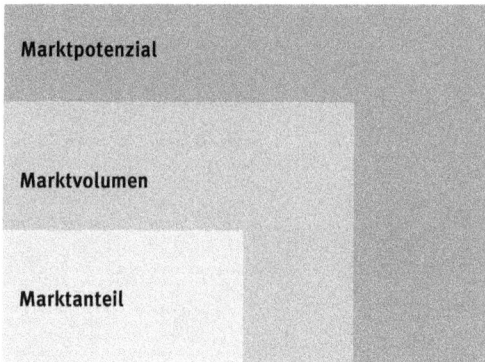

Marktpotenzial

Marktvolumen

Marktanteil

Abbildung 16: Zusammenhang Marktpotenzial, -volumen und -anteil

Zu b)

Kurzfristige Preisuntergrenze = variable Stückkosten = 155€/Stück
(1.200.000€ + 300.000€ + 50.000€)/10.000 Stück

Langfristige Preisuntergrenze = gesamte Stückkosten = 195€/Stück
(1.200.000€ + 300.000€ + 50.000€ + 100.000€ + 300.000€)/10.000 Stück

Der hier festgelegte Preis liegt nur geringfügig über den vollen Stückkosten, sodass derzeit nur ein Gewinn pro Stück in Höhe von 5 € (=2,5 % Gewinnspanne) erzielt wird.

> Erlöse = 200€/Stück x 10.000 Stück = 2.000.000€
> Kosten = 400.000€ + 155€/Stück x 10.000 Stück = 1.950.000€
> Der Gesamtgewinn beträgt damit 50.000€.

Zu c)

Die nachfrageorientierte Preisbildung basiert auf der erwarteten Zahlungsbereitschaft der Konsumenten, d. h. auf ihren Wertempfindungen für ein bestimmtes Produkt. Die Grundüberlegung der nachfrageorientierten Preisbildung ist somit der individuelle Nutzen eines Produktes für den Nachfrager. Mit den Instrumenten der Marktforschung wird über beobachtbare Prozesse (bspw. Kauf/Nichtkauf) oder innere Prozesse (bspw. individuelle Preisschwellen) versucht, den Erfolg einer preispolitischen Maßnahme zu prognostizieren. Inhaltlich lassen sich Modelle der nachfrageorientierten Preisbildung nochmals in die Grundmodelle der klassischen betriebswirtschaftlichen Preistheorie (Preis-Absatz-Funktion) und verhaltenswissenschaftliche Modelle unterscheiden.

Zu d)

Eine Preiselastizität von –2 bedeutet, dass eine Preissenkung um 10 % zu einer Nachfragesteigerung um 20 % führt, d. h. die Nachfrage auf 12.000 Bretter steigt. Der Gewinn verändert sich in diesem Fall wie folgt:

> Erlöse: 12.000 Stück × 180€/Stück = 2.160.000€
> Kosten: 400.000€ + 155€/Stück × 12.000 Stück = 2.260.000€
> Ergebnis neu: –100.000€ (Verlust)

Die Preissenkung ist auf Grundlage der Preiselastizität von –2 nicht zu empfehlen, da dann unter den Selbstkosten (= 188,33 €) verkauft und pro Surfbrett 8,33 € Verlust erzielt wird (–8,3333 €/Stück x 12.000 Stück = –100.000 €).

Zu e)

Tabelle 18: Vergleich Werbung und Öffentlichkeitsarbeit

Kriterium	Werbung	Öffentlichkeitsarbeit
Gegenstand	Produkte	Unternehmen
Oberziele	Absatzförderung	Image
zu beeinflussende Größe	Kaufverhalten	Meinungen / Einstellungen
Zielgruppe	(potentielle) Kunden	gesamte Öffentlichkeit
Fristigkeit	kurz- / mittelfristig	mittel- / langfristig

3. Hinweise zu den Lösungen

Der Marketing Mix aus den 4 P (product, price, place, promotion oder auf Deutsch: Produktpolitik, Preis- und Konditionenpolitik, Distributionspolitik und Kommunikationspolitik) ist ein zentrales Element des operativen Marketings. Die vorliegende Aufgabe konzentriert sich auf die Preispolitik und die Kommunikationspolitik.

4. Literaturempfehlungen

Jung, S. 634 ff.
Schierenbeck/Wöhle, S. 321 ff.
Thommen/Achleitner, S. 143 f.
Wöhe/Döring, S. 430 f.

Aufgabe 4: Marketing/Preispolitik

Wissen
Bearbeitungszeit: rund 15 Minuten

1. Aufgabenstellung

Kennzeichnen Sie die grundlegenden Ansätze zur Preisbildung in der betrieblichen Praxis. Gehen Sie auch auf die Preisdifferenzierung ein. Nennen Sie geeignete Beispiele.

2. Lösung

Die Preisbildung umfasst die Entscheidungen bzgl. des allgemeinen Preisniveaus des Produktprogramms bzw. der Dienstleistungen. Sollen bspw. Produkte eher günstig angeboten werden oder soll ein hoher Preis erzielt werden? Nach den Festlegungen zur Preisstrategie müssen konkret Preise für einzelne Leistungen ermittelt werden. Nachfolgend konzentriert sich die Musterlösung auf diesen Komplex der operativen Preisbildung. Dabei können Hinweise auf den zu setzenden Preis aus drei Untersuchungsbereichen herangezogen werden.

Konkurrenzorientierte Preisbildung
Die Kunden werden bei vergleichbaren Produkten (Qualität, Image, etc.) das günstigste Angebot auswählen (Rationalitätsannahme) bzw. den Anbieter wechseln. Deshalb sollte der Angebotspreis in etwa auf dem Niveau des Wettbewerbsangebots liegen (Preis wird also unabhängig von den Stückkosten gesetzt, solange er höher ist als die Stückkosten).

Nachfrageorientierte Preisbildung

Welchen Preis sind die Kunden bereit zu zahlen? Die „Zahlungsbereitschaft" der Kunden ist abhängig von der Situation, in der sich der Kunde befindet (z. B. Eile), Transparenz des Angebots (Wie aufwändig sind Preisvergleiche?), der Vergleichbarkeit der angebotenen Produkte und Dienstleistungen, etc. Im Rahmen der nachfrageorientierten Preisbildung wird versucht, die Zahlungsbereitschaft der Kunden bzw. von bestimmten Kundengruppen zu schätzen, um dann zu versuchen, diese Zahlungsbereitschaft möglichst weitgehend auszuschöpfen. Die Preise werden auch hier unabhängig von den Stückkosten festgelegt (solange sie höher als die Stückkosten sind).

Gewinnorientierte Preisbildung

Das Unternehmen versucht mit seiner Preisbildung ein bestimmtes Gewinnziel zu realisieren; dazu ist es nötig, die Gewinnschwelle (Break-even-Point) in Abhängigkeit der Produktpreise zu kennen.

Kostenorientierte Preisbildung

Letztendlich müssen die erzielten Preise und der Umsatz die Kosten des Unternehmens decken und für einen Gewinn sorgen (Gewinnaufschlag auf die Kosten; mark-up-pricing). Langfristig unterhalb der Stückkosten anzubieten ist unmöglich. Die Empfehlung lautet allgemein, dass der Preis über den kalkulierten Stückkosten angesetzt werden muss. Die kostenorientierte Preisbildung wird häufig als Nebenbedingung verwendet, z. B. sollen die Preise nachfrageorientiert festgelegt werden, solange sie die Stückkosten nicht unterschreiten. Die kostenorientierte Preisbildung kann auch verwendet werden, wenn keine oder kaum Informationen über das Verhalten der Wettbewerber oder die Zahlungsbereitschaft der Kunden vorliegen.

Insgesamt muss ein Preis unter Abwägung aller vier Ansätze festgelegt werden.

Hinweis

Betrachtet man die Fristigkeit der Kosten, sind fixe Kostenbestandteile kurzfristig weniger relevant; vielmehr bilden variable Kosten die kurzfristige Preisuntergrenze. Allerdings ist die Aufteilung der Kosten in variable und fixe Bestandteile methodisch nicht zweifelsfrei. Die Fixkostendegression wird in einer langfristigen Betrachtung genutzt, um die anteiligen, kalkulatorisch Fixkosten je Stück durch eine Steigerung der Absatzzahlen über die Zeit hinweg zu senken.

Die **Preisdifferenzierung** macht sich die Tatsache zu Nutze, dass Kunden unterschiedliche Zahlungsbereitschaften haben. Das legt nahe, dass es sich lohnen könnte auch Preise von Kunde zu Kunde an deren Zahlungsbereitschaften zu orientieren, also den Preis jeweils möglichst hoch anzusetzen, sodass sie gerade eben noch kaufen. Es wird daher kein einheitlicher Preis für alle Kunden gewählt, sondern es werden mehrere Preise nach Kundensegmenten oder sogar kundenindividuelle Preise festgelegt. Differenzierungsmöglichkeiten ergeben sich durch:

- Preisverhandlungen zwischen Kunde und Verkäufer (Bsp. allgemeine Preisliste, Kunden erhalten individuell Preisnachlässe).
- Unterschiedliche Preise bei geringfügig unterschiedlichen Produktvarianten (z. B. ein Basismodell günstiger, Trendfarben gegen Aufpreis).
- Geografisch unterschiedliche Preise (Ort des Verkaufs).
- Zeitlich unterschiedliche Preise (Tageszeiten, Jahreszeiten, z. B. Weihnachtsgeschäft, etc.)
- Abnehmerbezogene/demografische Kriterien (bestimmte Eigenschaften der Kunden, z. B. geringe Preise für Kunden, die sich noch in Ausbildung befinden).
- Unterschiedliche Preise für unterschiedliche Abnahmemengen (geringer Preis bei höherer Einkaufsmenge des Kunden, Großhandelspreis vs. Einzelhandelspreis).

Auch sind Kombinationen dieser Ansätze möglich. Bei der Beurteilung der Preisdifferenzierung ist zu beachten:

- Kosten der Umsetzung der Preisdifferenzierung durch höhere Komplexität können die Erlöszuwächse aufzehren.
- Die Konkurrenz kann die Preisdifferenzierung unterlaufen.
- Bei hoher Transparenz des Marktes ist Preisdifferenzierung kaum lohnend umsetzbar.
- Reaktion der Kunden; Bsp: Werden unterschiedliche Preise als ungerecht wahrgenommen?

3. Hinweise zur Lösung

Die Preisbildung ist eine wesentliche Aufgabe in Marketing und Verkauf. Wichtig ist die Beachtung der Käuferreaktion auf Preise. Allgemein wird die Reaktion aller Käufer in der Preis-Absatz-Funktion zusammengefasst. Für preisliche Entscheidungen sind allerdings Detailanalysen unabdingbar. Bspw. ist zu beachten, dass ein Preis vom Kunden als Signal für die Qualität eines Produkts herangezogen wird.

Der Marketing Mix aus den 4 P (product, price, place, promotion oder auf Deutsch: Produktpolitik, Konditionenpolitik, Distributionspolitik und Kommunikationspolitik) ist ein zentrales Element des operativen Marketings. Die vorliegende Aufgabe konzentriert sich auf die Preispolitik.

4. Literaturempfehlungen

Jung, S. 638 ff.
Paul, S. 532 ff.
Schierenbeck/Wöhle, S. 332 ff.
Thommen/Achleitner, S. 239 ff.
Wöhe/Döring, S. 430 ff.

Aufgabe 5: Marketing/Marktsegmentierung und Preisstrategien

Anwenden/Wissen/Transfer
Bearbeitungszeit: rund 15 Minuten

1. Aufgabenstellungen

Nachfolgend finden Sie wichtige betriebswirtschaftliche Kennzahlen der Zalando SE für die Jahre 2012 bis 2014. Zalando ist ein Onlinehändler für Bekleidung und Schuhe. Zalando wurde im Jahr 2008 gegründet und hatte im Jahr 2011 bereits einen Umsatz von rund 500 Mio. €.

a) Erläutern Sie den Begriff und mögliche Kriterien der Marktsegmentierung.

b) Beschreiben Sie kurz die vier Elemente des Marketing-Mix und zeigen Sie für zwei Elemente (Ihrer Wahl) beispielhaft je eine konkrete Maßnahme auf, die Zalando zur Steigerung seiner Leistungsfähigkeit ergreifen könnte.

c) Erläutern Sie die beiden grundlegenden preispolitischen Optionen Skimming- und Penetrationsstrategie. Welche preispolitische Strategie von Zalando lässt sich aus den Kennzahlen ableiten (mit kurzer Begründung)?

Tabelle 19: Leistungskennzahlen der Zalando SE (Quelle: Zalando)

Leistungskennzahlen der Zalando SE	2012	2013	2014
Seitenbesuche (in Millionen)	738,3	1.217,0	1.363,8
Anteil der Seitenbesuche über mobile Endgeräte (in Prozent)	13,0	26,8	42,3
Aktive Kunden (in Millionen)	9,2	13,1	14,7
Anzahl der Bestellungen (in Millionen)	23,0	35,1	41,4
Durchschnittliche Anzahl der Bestellungen pro aktivem Kunden	2,5	2,7	2,8
Durchschnittliche Warenkorbgröße (in €)	62,3	62,5	66,6
Erfolgskennzahlen der Zalando SE			
Umsatz in Millionen €	1.159	1.762	2.214
Jahresüberschuss/-fehlbetrag in Millionen €	−85,1	−116,6	47,1
Jahresüberschuss/-fehlbetrag pro € Umsatz	−0,073	−0,066	0,021
Anzahl Mitarbeiter im Jahresdurchschnitt	3.500	6.897	7.588

2. Lösungen

Zu a)

Eine Marktsegmentierung ist ein Ansatz des Marketings, der die Bearbeitung eines Marktes, z. B. die Beeinflussung der Kunden, unterstützt und vereinfacht. Grundproblem ist, dass ein Unternehmen sehr viele Kunden ansprechen kann. Die

Kundenansprache muss auf den einzelnen Kunden möglichst gut eingehen, da man ihn sonst nicht erreicht (kein Interesse weckt). Eine Marktsegmentierung kann die Komplexität dieses Problems reduzieren.

Eine Marktsegmentierung nimmt eine gedankliche Einteilung der (möglichen) Kunden eines Unternehmens (bzw. der gesamten Kunden in einem Markt) in Gruppen (Kundengruppen, Kundensegmente) vor. Da ein Unternehmen Einfluss auf die Kaufentscheidung von Kunden nehmen möchte, orientiert sich die Unterscheidung der Kunden an ihrem Verhalten. Die Segmentierungskriterien sollten verhaltensrelevant sein. Bspw. unterscheiden sich Kunden bzgl. ihrer Informationsaufnahme, ihren Bedürfnissen und Wünschen oder ihrer Loyalität.

Kunden, die sich gleich bzgl. eines oder mehrerer Kriterien verhalten, werden in ein Segment (eine Kundengruppe) zusammengefasst. Kunden eines Segments sind möglichst homogen. Damit man nicht zu viele Segmente unterscheiden muss (zur Reduktion des Aufwands in Marktforschung und Marktbearbeitung), sollten die Segmente eher größer gewählt werden, d. h. Kunden in einem Segment verhalten sich nur mehr oder weniger ähnlich. So kann man mit wenigen verschiedenen Segmenten den gesamten Markt beschreiben. Das Verhalten des „Durchschnittskunden" jedes Segments unterscheidet sich bestenfalls deutlich voneinander.

Segmentierungskategorien und Beispiele für Segmentierungskriterien:

- Geografisch: z. B. Wohnort, Region oder Bundesland der Kunden
- (Sozio-)Demografisch: z. B. Geschlecht, Alter, Einkommen, Bildungsstand
- Verhaltensorientiert: z. B. Online- oder Offline-Kunden, Mediennutzung, Preissensibilität
- Psychografisch: z. B. Lebensstil, Risikoneigung, Werte und Interessen

Zu b)
Die Marketing-Instrumente stellen Ansatzpunkte dar, das Verhalten von Kunden zu beeinflussen. Verbreitet ist eine Unterscheidung in 4 Handlungsbereiche der Marktbeeinflussung:

- Produktpolitik: art- und mengenmäßige Gestaltung des Absatzprogramms (Sortiments)
- Preis- und Konditionenpolitik: Gestaltung des Preis-Leistungs-Verhältnisses für das Absatzprogramm
- Distributionspolitik: Gestaltung der Vertriebswege und der Absatzlogistik
- Kommunikationspolitik: Gestaltung der Art und Weise, wie gegenwärtige und potenzielle Kunden sowie die Öffentlichkeit über das Unternehmen und seine Angebote informiert werden.

Diese vier sog. Marketinginstrumente müssen für eine konkrete Situation ausgearbeitet werden. Eine solche Festlegung bezeichnet man auch als Marketing-Mix, da aus allen vier Bereichen Entscheidungen zur erfolgreichen Durchführung von Marketingmaßnahmen getroffen werden müssen.

Beispiel: Die Analyse der Bestellungen pro Kunde könnte zum Schluss führen, dass diese Anzahl zu gering im Vergleich zum Wettbewerb ist. Eine mögliche Maßnahme könnte sein: Den Kunden wird bei Lieferung ihrer nächsten Bestellung (Distributionspolitik: bisherige Käufer) ein Rabattgutschein (Kommunikation: der Kunde erhält den Gutschein zusammen mit den Produkten, auf die er gespannt wartete) über 10 € (Preispolitik) beigelegt, den sie in folgenden Käufen ab einem Bestellwert von 100 € (Produktpolitik: gilt für das gesamte Angebot des Händlers) einlösen können.

Beispiel: Der Onlinehändler könnte entscheiden, einen „Flagship-Store" zu eröffnen. Ziel soll es sein, neue Kunden zu erreichen und ihr Vertrauen auch für Online-Bestellungen zu gewinnen, bspw. in frequentierter Lage von Berlin.

Zu c)
Skimming und Penetration sind mögliche Preisstrategien. Sie stellen Ansatzpunkte für ein Unternehmen dar, einen (neuen) Markt zu erschließen, d. h. dort auf Sicht genügend Kunden zu erlangen, um profitabel zu arbeiten.

Beim Skimming „schöpft man die Sahne ab". Bei Markteintritt verlangt das Unternehmen relativ hohe Preise. Diese Vorgehensweise kann funktionieren, wenn das Angebot ein Alleinstellungsmerkmal hat und stark nachgefragt wird. Daraus ergibt sich eine hohe Zahlungsbereitschaft. Ferner sollte diese Alleinstellung einige Zeit nicht durch Nachahmer bedroht werden können, die ähnliche Leistungen zu geringeren Preisen anbieten könnten. Eine derartige Strategie funktioniert eher bei völlig neuen, innovativen Märkten. Das Unternehmen, das einen neuen Markt erschlossen hat, kann mit einer Hochpreisstrategie zunächst Marktentwicklungskosten schnell kompensieren.

Beispiel: Markteinführung des ersten iphones zu hohem Preis und mit (relativ) geringer Menge durch Apple.

Die Penetrationsstrategie eignet sich für einen Markt, bei dem das erste Unternehmen im Markt kurzfristig mit Nachahmern rechnen muss oder wenn ein Unternehmen selbst Nachahmer ist. Die Idee ist es, möglichst schnell eine hohes Fertigungs- und Absatzvolumen zu erreichen, sodass Kostensenkungsmöglichkeiten aus einer Fixkostendegression schnell erreicht werden. Eine günstigere Kostenposition kann dazu dienen, Wettbewerber auf Distanz zu halten oder einzuholen.

Beispiel: Smartphoneanbieter, die dem Unternehmen Apple Konkurrenz machen, nachdem der Innovationsvorsprung aufgeholt worden ist.

Im aktuellen Fall ist davon auszugehen, dass sich das Angebot produktmäßig nicht von anderen Onlinehändlern oder stationären Einzelhändlern unterscheidet. Eine Differenzierung scheidet aus Produktsicht aus. Allenfalls aus Servicegesichtspunkten ist sie denkbar, da der Onlinehändler andere „Shoppingmöglichkeiten" als der stationäre Einzelhandel bietet. Allerdings hat er auch erhebliche Nachteile, wie z. B. keine Möglichkeit zur direkten Anprobe. Damit der Onlinehändler überhaupt Kunden zum Kauf motivieren kann, ist eher davon auszugehen, dass ein geringes

Preisniveau im Vergleich zum stationären und Online-Wettbewerb kalkuliert wird. Dafür sprechen die Verluste (Jahresfehlbeträge) in den ersten Jahren (trotz eines vergleichsweise großen Warenkorbs). Somit wurde sehr wahrscheinlich eine Penetrationsstrategie verfolgt.

3. Literaturempfehlungen

Jung, S. 638 ff, S. 586 ff.
Paul, S. 395 ff.
Schierenbeck/Wöhle, S. 313 ff., S. 321 ff.
Thommen/Achleitner, S. 140 ff. und Kapitel 3 bis 6
Wöhe/Döring, S. 381 ff und S. 395 ff.

10 Personalmanagement

Aufgabe 1: Personalmanagement/Überblick und Teilfunktionen

Wissen
Bearbeitungszeit: rund 20 Minuten

1. Aufgabenstellungen

a) Nennen Sie die Teilfunktionen des Personalmanagements und beschreiben Sie diese kurz.
b) Das Personalmanagement verfolgt meist das übergeordnete Ziel, die für die betriebliche Zielerreichung erforderlichen Personalkapazitäten bereitzustellen und gleichzeitig die Leistungsfähigkeit dieser Personen dauerhaft zu erhalten. Nennen Sie zwei betriebsinterne Faktoren, die die Leistungsfähigkeit der Mitarbeiter beeinflussen, und beschreiben Sie diese und dazugehörige Teilbereiche kurz.

2. Lösungen

Zu a)
Das Personalmanagement umfasst im Regelfall sechs Teilfunktionen:
1. Personalbedarfsplanung
2. Personalbeschaffung
3. Personaleinsatz
4. Entlohnung/Honorierung
5. Personalentwicklung
6. Personalfreistellung

Personalbedarfsplanung
Aufgabe der Personalbedarfsplanung ist es, den Bedarf an Arbeitskräften zu ermitteln, der erforderlich ist, um die betrieblichen Aufgaben zu erfüllen. Dabei sind verschiedene Teilaspekte des Personalsbedarfs zu berücksichtigen:
- Quantität: Wie viele Arbeitskräfte benötigt das Unternehmen?
- Qualität: Welche Qualifikation müssen die Arbeitskräfte haben?
- Zeit: Wann und wie lange werden diese Arbeitskräfte benötigt?
- Ort: Wo werden die Arbeitskräfte benötigt?

Alle Teilaspekte müssen geplant und in den nachfolgenden Funktionen bearbeitet werden.

Zunächst wird in der Regel der Bruttopersonalbedarf geplant, d. h. der Personalbedarf, der für eine bestimmte Periode besteht. Da das Unternehmen (sofern es sich nicht um eine Neugründung handelt) bereits über einen Personalbestand

DOI 10.1515/9783110481822-010

verfügt, wird dann aus dem Bruttopersonalbedarf unter Berücksichtigung der schon bekannten oder erwarteten Änderungen im Personalbestand der Nettopersonalbedarf abgeleitet. Ein positiver Nettopersonalbedarf bedeutet, dass zusätzliches Personal erforderlich ist; ein negativer Nettopersonalbedarf bedeutet, dass eine Überdeckung mit Personal für die Planperiode besteht.

Hinweis

Diese Antwort ist aus didaktischen Gründen ausführlicher als sie im Rahmen einer Klausur typischerweise ausfallen kann. Zudem könnten – aufgrund der offenen Fragestellung – auch andere Aspekte des Themas Personalbedarfsplanung angeführt werden; dies wäre ebenso richtig. Dieser Hinweis gilt auch für die weiteren Teilfunktionen des Personalmanagements.

Personalbeschaffung

Wird bei der Personalbedarfsplanung festgestellt, dass es einen positiven Netto-Personalbedarf gibt, so ist es die Aufgabe der Personalbeschaffung diesen Bedarf in quantitativer, qualitativer, zeitlicher und örtlicher Hinsicht zu befriedigen.

Dazu gibt es die Möglichkeiten der internen Personalbeschaffung: Dabei wird versucht, den Personalbedarf durch bereits vorhandenes Personal mittels Mehrarbeit und/oder Aufgabenumverteilung zu decken. Dies ist in der Regel der erste Ansatzpunkt, allerdings sind die Möglichkeiten häufig beschränkt, da die Anforderungen z. B. in qualitativer, zeitlicher oder räumlicher Hinsicht mit dem bestehenden Personal oft nicht erfüllt werden können.

Führt die interne Personalbeschaffung nicht oder nicht vollständig zum Erfolg, besteht die Möglichkeit der externen Personalbeschaffung: Es wird neues Personal gesucht und dann eingesetzt. Dabei ist die Hauptfrage, ob das Personal dauerhaft/unbefristet eingestellt wird oder ob es sich um einen temporären Einsatz, z. B. im Rahmen eines befristeten Arbeitsverhältnisses oder von Leiharbeit handelt.

Personaleinsatz

Im Rahmen des Personaleinsatzes werden dem vorhandenen (und ggf. neu beschafften) Personal Aufgaben zur Erfüllung der betrieblichen Funktionen zugeordnet.

Kurzfristig handelt es sich um die Personaleinsatzplanung, z. B. in Schicht- oder Arbeitsplänen; dabei ist insbesondere auch die Einarbeitung von neuen oder noch unerfahrenen Mitarbeitern oder Mitarbeiterinnen zu planen.

Mittelfristig fallen hierunter auch die Planung von Urlaub, Auf- oder Abbau von Arbeitszeitkonten und die Planung von Aus- und Weiterbildung.

Eher langfristige bzw. grundsätzliche Fragestellungen sind
- die Gestaltung der Aufgaben und insbesondere der Grad der Arbeitsteilung,
- die Gestaltung der Arbeitszeit an sich,
- die Gestaltung der Arbeitsplätze (sachliche und räumliche Ausstattung).

Entlohnung/Honorierung

Menschen können ihre Einsatzfreude oder Arbeitsleistung selbst steuern; dies ist ein wesentlicher Unterschied zu Maschinen. Daher ist die Frage, wie positive Leistungsanreize gesetzt werden können, eine zentrale Problemstellung im Rahmen des Personalmanagements. Dabei ist zwischen nicht-monetären und monetären Anreizen zu unterscheiden.

Nicht-monetäre Anreize können sein (beispielhaft):
- Lob/positives Feedback.
- Anerkennung in der Gruppe/im Unternehmen.
- Ausbildungsmöglichkeiten.
- Aufstiegsmöglichkeiten.

Monetäre Anreize können sein (beispielhaft):
- Lohn oder Gehalt; hierbei ist im Wesentlichen zwischen Zeitlohn und Akkordlohn zu unterscheiden.
- Erfolgsbeteiligung, z. B. als Prämienlohn oder als Beteiligung am Unternehmenserfolg.
- Freiwillige soziale Leistungen.

Personalentwicklung

Die Personalentwicklung soll sicherstellen, dass das vorhandene Personal auch zukünftig in der Lage sein wird, die betrieblichen Aufgaben zu erfüllen. Dazu ist es erforderlich, das Personal persönlich und fachlich weiterzuentwickeln, damit (je nach Bedarf) künftig auch andere bzw. weiterführende Aufgaben wahrgenommen werden können. Dabei sind zwei Teilbereiche zu unterscheiden:
- Laufbahn- oder Karriereplanung: Hierbei geht es um die systematische Vorbereitung von Beförderungen, um weiterführende Aufgaben, häufig auch Führungsverantwortung übernehmen zu können.
- Betriebliche Aus- und Weiterbildung: Bei der betrieblichen Ausbildung handelt es sich um die Grundausbildung, in Deutschland typischerweise in den Lehrberufen im Rahmen des dualen Ausbildungssystems. Bei der Weiterbildung geht um die fortlaufende, systematische Aktualisierung dieses Wissens.

Personalfreistellung

Ergibt die Personalbedarfsplanung einen Überhang an Personal, so ist im Rahmen der Personalfreistellung zu klären, wie dieser Überhang beseitigt werden kann. Dabei kann unterschieden werden in
- Freistellung durch Änderung bestehender Arbeitsverhältnisse, z. B. Abbau von Überstunden, Kurzarbeit, Auslaufen von Leiharbeit, Versetzungen.
- Verzicht auf Neueinstellungen.

– Freistellung durch Beendigung bestehender Arbeitsverhältnisse, z. B. durch Ausnutzung der Fluktuation, Anreize zum freiwilligen Ausscheiden oder durch Kündigung.

Zu b)

Die typischen betriebsinternen Einflussfaktoren auf die Arbeitsleistung sind:

– Gestaltung der Arbeit mit folgenden Teilaspekten:

Gestaltung der Tätigkeit, dabei sind Fragestellungen z. B.: Ist sie eher abwechslungsreich oder monoton? Ist sie einfach oder schwierig? Ist sie mehr oder weniger kommunikativ?

Gestaltung des Arbeitsplatzes, dabei sind Fragestellungen z. B.: Wie ist die Ausstattung mit Arbeitsmaterial und -mitteln? Ist der Arbeitsplatz anstrengend/laut/dem Wetter ausgesetzt oder nicht?

Gestaltung der Arbeitszeit, dabei sind Fragestellungen z. B.: Wie groß ist die Möglichkeit zur individuellen Arbeitszeitgestaltung? Sind Überstunden notwendig und wie werden sie entgolten?

– Persönliche Bindungen: Je stärker sich ein Mitarbeiter an das Unternehmen gebunden fühlt, desto leistungsbereiter ist er/sie. Wesentliche Einflussfaktoren hierbei sind das Betriebsklima und der Führungsstil der Vorgesetzten.

– Lohn oder Gehalt bzw. monetäre Anreize: Dabei kommt es zum einen auf die absolute Höhe an, d. h. fühlt sich das Personal den Aufgaben entsprechend gut bezahlt, ist es in der Regel motiviert, die Aufgaben auch gut und schnell zu erledigen. Neben der absoluten Höhe ist aber auch die relative Höhe (bzw. die Lohngerechtigkeit) wichtig: Fühlt man sich im Vergleich zu anderen gut (schlecht) bezahlt, erhöht (vermindert) das typischerweise die Motivation.

– Entwicklungsmöglichkeiten: Bietet das Unternehmen Möglichkeiten zur beruflichen Weiterentwicklung, z. B. durch Weiterbildung oder durch Beförderung, so erhöht das meist die Einsatzbereitschaft des Personals, das für diese Maßnahmen in Frage kommt.

3. Literaturempfehlungen

Jung, S. 883 ff.

Schierenbeck/Wöhle, S. 170 ff. und S. 237 ff.

Thommen/Achleitner, S. 715 ff.

Wöhe/Döring, S. 121 ff.

Aufgabe 2: Personalmanagement/Personalbeschaffung und Arbeitszeitmodelle

Wissen
Bearbeitungszeit: rund 20 Minuten

1. Aufgabenstellungen

a) Sie sind Leiter der Marktforschungsabteilung und möchten eine Referentenstelle erstmals besetzen. Erläutern Sie die bis zur Einstellung notwendigen Schritte der Personalbeschaffung (Personalplanung, -akquisition und -auswahl) und gehen hier insbesondere auf konkrete Entscheidungsmöglichkeiten ein.

b) Während des Auswahlprozesses stellt sich heraus, dass der von Ihnen bevorzugte Bewerber großen Wert auf flexible Arbeitszeitmodelle und eine leistungsorientierte Entgeltpolitik (Erfolgsbeteiligung von Mitarbeitern) legt. Stellen Sie die zu diesen beiden Themen in der Praxis gängigen Modelle dar und verdeutlichen Sie auch die jeweiligen Vor- und Nachteile aus Unternehmenssicht.

2. Lösungen

Zu a)

Erster Schritt: Personalplanung

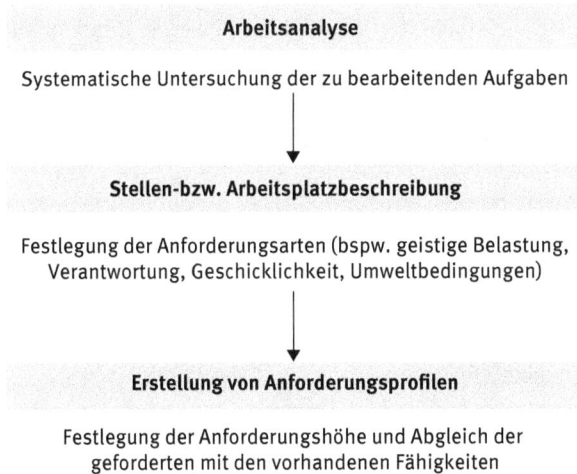

Arbeitsanalyse

Systematische Untersuchung der zu bearbeitenden Aufgaben

↓

Stellen-bzw. Arbeitsplatzbeschreibung

Festlegung der Anforderungsarten (bspw. geistige Belastung, Verantwortung, Geschicklichkeit, Umweltbedingungen)

↓

Erstellung von Anforderungsprofilen

Festlegung der Anforderungshöhe und Abgleich der geforderten mit den vorhandenen Fähigkeiten

Abbildung 17: Überblick Personalplanung

Die Personalplanung sollte in eine Stellenbeschreibung mit Informationen zu den Aufgabengebieten, den Leistungsanforderungen (Kenntnisse, Fähigkeiten,

Erfahrungen), der Gehaltsstufe, der hierarchischen Einordnung, den Weisungsbe-fugnissen usw. münden und aus dieser ein konkretes Anforderungsprofil abgeleitet werden (siehe Abbildung 17).

Zweiter Schritt: Personalakquisition

Im Rahmen der Personalakquisition ist zunächst die Entscheidung zwischen interner oder externer Personalbeschaffung zu treffen und sind die Vor- und Nachteile bezogen auf die Referentenstelle gegeneinander abzuwägen. Anschließend muss über die Mög-lichkeiten und Instrumente der internen Personalbeschaffung (bspw. Verlängerung der Arbeitszeiten, Aufgabenumverteilung, Beförderungen, Versetzungen) oder der externen Personalbeschaffung (Neueinstellung oder Personalleasing) entschieden werden. Im Falle einer externen Ausschreibung ist anschließend das Werbemedium (bspw. Stelleninserat als Zeitungsannonce oder auf einem Online-Portal) festzulegen.

Dritter Schritt: Personalauswahl

Vor der Entscheidung über die Personalauswahl sind zunächst die Kriterien der Per-sonalauswahl festzulegen.

- Leistungsfähigkeit: Vergleich zwischen Anforderungsprofil der Stelle und Fähig-keitsprofil des Bewerbers.
- Leistungswille: Klärung, ob der Bewerber willens ist, die seinen Fähigkeiten ent-sprechenden Leistungen zu erbringen. Leistungsfähigkeit bedeutet nicht auto-matisch, dass diese auch in die geforderte Leistung umgesetzt wird. Anderer-seits kann eine Unterdeckung auch dazu führen, dass der Bewerber durch einen erhöhten Leistungswillen seine Leistungsdefizite auszugleichen versucht.
- Entwicklungsmöglichkeiten: Gibt es in Bezug auf bestimmte Anforderungsarten Unterdeckungen, gilt es zu klären, ob der Bewerber diese ggf. durch Ausbildungs-oder Schulungsmaßnahmen ausgleichen kann.
- Leistungspotenzial: Klärung, ob der Bewerber mittelfristig für höherwertige Auf-gaben geeignet ist.

Anschließend sollten die Methoden der Personalauswahl festgelegt werden. Bei einer Referentenstelle bietet sich nach der Prüfung der Bewerbungsunterlagen ein Vorstel-lungsgespräch, ggf. erweitert um einen Probearbeitstag an (siehe Abbildung 18).

Am Ende des Personalauswahlprozesses steht die Entscheidung über die Ausge-staltung des Arbeitsvertrages.

Zu b)

Grund für die Flexibilisierung der Arbeitszeit für Unternehmen ist zum einen die bessere Beherrschung quantitativer Schwankungen in Verbindung mit der Opti-mierung betrieblicher Erfordernisse und zum anderen die Orientierung an den individuellen Bedürfnissen der Mitarbeiter zur Erhöhung der Motivation und des Arbeitgeberimages.

Bewerbungs-unterlagen	Test-verfahren	Vorstellungs-gespräch	Gutachten	Arbeits-proben	Assessment Center

Anschreiben

Leistungs-tests

Ausdruck

grafologisch

Analyse der Lösung praktischer Aufgaben

Beurteilung mehrerer Bewerber mittels multipler Verfahren durch geschulte Beobachter

Lebenslauf

Leistungs-verhalten

medizinisch

Persönlichkeits-tests

Sozial-verhalten

Zeugnisse

Biografischer Fragebogen

Referenzen

Abbildung 18: Überblick Personalauswahlinstrumente

Konkrete Vorteile der Arbeitszeitflexibilisierung sind (unterschiedlich je nach Modell):

– Steigerung der Anlagennutzung,
– Verlängerung der Betriebs- und Servicezeiten,
– Reduzierung von Personalkosten,
– Anpassung an Absatzschwankungen,
– Erhöhung der Reaktionsgeschwindigkeit,
– Verringerung von Überlastung und „Totzeiten",
– Reduzierung von Überstunden,
– Wahrnehmung als attraktiver Arbeitgeber (Bestandteil eines „Employer Branding").

Konkrete Nachteile der Arbeitszeitflexibilisierung sind (unterschiedlich je nach Modell):

– Höherer organisatorischer Aufwand,
– höhere Raum- und Arbeitsplatzkosten,
– keine kurzfristige, jederzeitige Verfügbarkeit des Personals,
– verschiedene Ansprechpartner aus Kundensicht.

Beispiele für flexible Arbeitszeitmodelle sind:

– Teilzeitarbeit: Mitarbeiter arbeitet weniger als die normale Arbeitszeit (z. B. halbtags).
– Schichtarbeit: Mitarbeiter arbeitet die volle Arbeitszeit, aber zu verschiedenen Zeiten (Verlängerung der Betriebszeit).

- Gleitende Arbeitszeit: Individuelle Gestaltung der Arbeitszeit bei konstanter Gesamtarbeitszeit.
- Job Sharing: Individuelle Gestaltung der Arbeitszeit bei konstanter Gesamtarbeitszeit durch Aufteilung eines Arbeitsplatzes auf mehrere Personen.
- Jahresarbeitszeit: Eine festgelegte Jahresarbeitszeit wird in verschiedenen Einheiten abgeleistet.

Erfolgsbeteiligung

Durch eine Erfolgsbeteiligung haben Unternehmen die Möglichkeit, Mitarbeiter am erwirtschafteten Erfolg zu beteiligen. Bei der Erfolgsbeteiligung steht nicht die individuelle, sondern vielmehr die kollektive Leistung im Vordergrund. Erfolgsbeteiligungen können sich an der Leistungserbringung orientieren (Produktions- Produktivitätsbeteiligung), am Ertrag (Umsatz, Rohertrag, Nettoertrag) oder an Gewinngrößen (Jahresüberschuss, Betriebsgewinn, Dividendenzahlungen). Individuelle leistungsorientierte Vergütungen sind in der Praxis in Form von Prämienlöhnen, d. h. eine Kombination aus Zeit und Akkordlohn zu finden. Hier wird ein fester Grundlohn durch zusätzliche Prämien (bspw. bei hoher Qualität, der Erfüllung von Sicherheitsaspekten oder Einhaltung von Liefertreue) aufgestockt. Im Bereich der Führungskräfte wird zusätzlich zum Fixgehalt häufig eine Beteiligung am Gewinn, dem Rohertrag oder dem Umsatz als variable Vergütung vereinbart.

3. Hinweise zur Lösung

Personalplanung und -beschaffung stehen zu Beginn des Personalmanagements und sollen sicherstellen, dass die erforderliche Anzahl an richtig qualifizierten Mitarbeitern am richtigen Ort zur richtigen Zeit zur Verfügung steht. Ebenfalls ein wichtiges Element ist die Frage der Entlohnung und Honorierung, da hier wesentliche Anreize monetärer und nicht-monetärer Art für die Leistungserbringung definiert werden.

4. Literaturempfehlungen

Jung, S. 896 ff.
Paul, S. 361 f.
Thommen/Achleitner, S. 763 f.
Wöhe/Döring, S. 121 f.

Aufgabe 3: Personalmanagement/Arbeitsgestaltung

Wissen
Bearbeitungszeit: rund 15 Minuten

1. Aufgabenstellung

Dem Grad der Arbeitsteilung kommt bei der Gestaltung von Arbeitsinhalten eine besondere Bedeutung zu. Eine ausgeprägte Arbeitsteilung ist mit Vorteilen, aber auch mit einer Reihe von Nachteilen verbunden. Den negativen Folgen einer starken Arbeitsteilung versuchen Unternehmen durch eine Erweiterung der Handlungsspielräume von Mitarbeitern zu begegnen. Erklären Sie in diesem Zusammenhang den Begriff Handlungsspielraum und erläutern Sie vier mögliche Ansätze, die Unternehmen zur Erweiterung des Handlungsspielraums zur Verfügung stehen.

2. Lösung

Die Definition der Arbeitsinhalte ist eine zentrale Aufgabe im Rahmen der Arbeitsgestaltung. Insbesondere die Frage der Arbeitsteilung und der damit verbundenen Vor- und Nachteile steht dabei im Vordergrund der Überlegungen.

Zum Begriff Handlungsspielraum
Der Handlungsspielraum eines Mitarbeiters spiegelt sich in den drei Dimensionen
–   Tätigkeitsspielraum,
–   Entscheidungs- und Kontrollspielraum und
–   Kontaktspielraum wider.

Mit einer Erweiterung des Tätigkeitsspielraums geht eine Ergänzung des bisherigen Aufgabenfelds um gleichartige Tätigkeiten einher, der Grad der Arbeitsteilung wird also verringert.

Eine Ausweitung des Entscheidungs- und Kontrollspielraums umfasst die Anreicherung der bisherigen Aufgaben um Führungsfunktionen (also z. B. um Planungs- und Kontrollaufgaben).

Eine Erweiterung des Kontaktspielraums zielt auf verstärkte Kommunikation und Zusammenarbeit mit anderen Mitarbeitern, aber auch Kunden, Lieferanten, etc. ab.

Ansätze zur Erweiterung des Handlungsspielraums
Konkrete Maßnahmen zur Gestaltung des Handlungsspielraums von Mitarbeitern lassen sich entlang der oben aufgeführten Dimensionen definieren. Ziel ist es, durch die Schaffung sinnvoller und anspruchsvoller Arbeitsinhalte die Nachteile einer starken Arbeitsteilung zu reduzieren, ohne auf deren Vorteile verzichten zu müssen. Im Einzelnen stehen einem Unternehmen u. a. folgende Ansätze zur Verfügung.

– Job Enlargement (Aufgabenerweiterung): Beim Job Enlargement werden einem Mitarbeiter weitere, ähnliche Teilaufgaben übertragen. Es werden also bisher stark aufgegliederte Arbeitsvorgänge wieder zu größeren Einheiten zusammengefasst, die Arbeitsteilung wird (teilweise) rückgängig gemacht. Auf diese Weise wird insbesondere der Tätigkeitsspielraum erweitert.

– Job Enrichment (Aufgabenbereicherung): Im Gegensatz zum Job Enlargement zielt das Job Enrichment auf eine Ausweitung des Aufgabenbereichs in vertikaler Richtung, d. h. der Mitarbeiter bekommt andersartige Aufgaben (im Sinne von Führungsfunktionen) übertragen. Hierbei kann es sich z. B. um Planungs-, Entscheidungs-, Anordnungs- und Kontrollaufgaben handeln. Job Enrichment geht mit einer Delegation von komplexeren Aufgaben einher und erfordert von den betroffenen Mitarbeitern, neben einer entsprechenden fachlichen Qualifikation, auch ein ausgeprägtes Verantwortungsbewusstsein; daher erfordert die Umsetzung eines Job Enrichment häufig Schulungen/Qualifikationsmaßnahmen. Erweitert wird hier u. a. der Entscheidungs- und Kontrollspielraum.

– Job Rotation (Aufgabenwechsel): Bei der Job Rotation findet eine regelmäßiger, geplanter Tausch der Arbeitsplätze und Arbeitsaufgaben von Mitarbeitern untereinander statt. Auf diese Weise werden die Aufgaben des einzelnen Mitarbeiters über die Zeit hinweg vielfältiger, ohne dabei (mit Blick auf das Gesamtsystem) den Grad der Arbeitsteilung zu reduzieren. Erweitert werden insbesondere der Tätigkeits-, aber auch der Kontaktspielraum.

– Teilautonome Arbeitsgruppen: Bei der Gruppenarbeit werden teilautonomen Gruppen umfassende Arbeitsaufgaben zur selbständigen Bewältigung übertragen. Diese Arbeitsgruppen übernehmen auch Führungstätigkeiten und entscheiden großteils selbst, wie die Aufgaben bearbeitet bzw. gelöst werden sollen. Das Prinzip der teilautonomen Arbeitsgruppen stellt also eine spezielle Ausprägung des Job Enrichments dar. Adressiert werden bei dieser Art der Arbeitsgestaltung alle drei Dimensionen des Handlungsspielraums von Mitarbeitern.

3. Hinweise zur Lösung

Im Rahmen der Arbeitsgestaltung werden die technischen und organisatorischen Bedingungen für die Erbringung von Arbeitsleistung durch die Mitarbeiter definiert. Die Regelungen umfassen dabei, neben der Gestaltung der Arbeitsinhalte, auch die Gestaltung der Arbeitszeit und des Arbeitsplatzes und sind ein zentrales Element des Personalmanagements in einem Unternehmen.

4. Literaturempfehlungen

Schierenbeck/Wöhle, S. 238 ff.
Thommen/Achleitner, S. 758 ff.
Wöhe/Döring, S. 133 ff.

11 Führung

Aufgabe 1: Führung/Führung und Führungsstile

Wissen
Bearbeitungszeit: rund 15 Minuten

1. Aufgabenstellungen

a) Was versteht man unter Führung? Ordnen Sie Führung in den Management-Prozess ein.

b) Was versteht man unter einem Führungsstil? Charakterisieren Sie kurz einen (eher) autoritären und einen (eher) kooperativen Führungsstil.

c) Was versteht man unter situativer Führung? Welche Vor- und Nachteile dieses Führungsstils kennen Sie?

2. Lösungen

Zu a)

Führung kann man verstehen als die Gesamtheit der Institutionen, Prozesse und Instrumente, die im Rahmen der Problemlösung durch Personengruppen der Willensbildung und der Willensdurchsetzung dienen.

Damit ist Führung ein Vorgang zwischen Personen bzw. innerhalb einer Personengruppe und somit ein hochgradig kommunikativer Vorgang.

Führung ist im Managementprozess das verbindende Element der Teilfunktionen Zielsetzung, Planung, Entscheidung, Umsetzung und Kontrolle. Ohne Führung kann keine dieser Teilfunktionen vollständig erfüllt werden, weil in einem arbeitsteiligen Unternehmen immer andere Personen entweder in die Funktion miteinbezogen oder über die Ergebnisse einer Funktion informiert werden müssen.

Zu b)

Ein Führungsstil ist die konkrete Ausprägung der Führung eines Vorgesetzten gegenüber seinen Mitarbeitern.

Autoritäre Führungsstile sind dadurch gekennzeichnet, dass der Vorgesetzte die Entscheidungen trifft und seine Untergebenen nicht oder nur in geringem Umfang einbezieht. Die Entscheidungen werden an die Untergebenen in Form von Befehlen oder Anweisungen zur Umsetzung kommuniziert.

Ein despotischer Führungsstil liegt vor, wenn der Vorgesetzte allein entscheidet und nur die Entscheidung mitteilt, ohne diese zu begründen oder zu versuchen, die Untergebenen von der Sinnhaftigkeit zu überzeugen.

Ein patriarchalischer Führungsstil liegt vor, wenn der Vorgesetzte zwar entscheidet, aber die Untergebenen von seiner Entscheidung überzeugen will bzw. Fragen zu seiner Entscheidung zulässt.

DOI 10.1515/9783110481822-011

Kooperative Führungsstile sind dadurch gekennzeichnet, dass die Mitarbeiter in die Entscheidungsfindung miteinbezogen werden.

Beim partizipativen Führungsstil entscheidet zwar letztendlich der Vorgesetzte, er bezieht aber vor der Entscheidung seine Mitarbeiter mit ein und holt deren Meinung bzw. deren Lösungsvorschläge ein.

Beim demokratischen Führungsstil entscheidet die Mitarbeitergruppe, wobei der Vorgesetzte entweder lediglich Moderator ist oder einen Entscheidungsrahmen absteckt.

Zu c)

Situative Führung bedeutet, dass ein Vorgesetzter nicht einen Führungsstil durchgehend anwendet, sondern je nach Entscheidungssituation eher autoritär oder eher kooperativ entscheidet.

Das konkrete Vorgehen hängt dabei ab von
–   den persönlichen Eigenschaften des Vorgesetzten,
–   den persönlichen Eigenschaften der betroffenen Mitarbeiter und
–   der Entscheidungssituation, insbesondere wie wichtig, dringlich, neuartig oder komplex die Entscheidung ist.

Vorteile:
–   Wenn das Verhalten gut an die Entscheidungssituation angepasst ist, werden die Entscheidungen leichter bzw. schneller von den Mitarbeitern akzeptiert, so werden bspw. Mitarbeiter bei neuartigen Themen mehr und früher einbezogen als bei Routineentscheidungen.
–   Entscheidungen können schneller getroffen, da bei entweder dringlichen und/ oder weniger wichtigen/neuartigen/komplexen Themen, die Mitarbeiter nicht so stark miteinbezogen werden.
–   Entscheidungen, die einzelne Personen betreffen, können besser auf die spezifischen Umstände abgestimmt werden.

Nachteile:
–   Die Anforderungen an die Vorgesetzten sind hoch, da neben der eigentlichen Entscheidung auch die Entscheidungssituation richtig beurteilt werden muss.
–   Im betrieblichen Alltag und bei der Vielzahl an Entscheidungen, die zu treffen sind, werden Vorgesetzte häufig nicht in der Lage sein, sich immer ausreichend mit der Entscheidungssituation auseinander zu setzen.
–   Für die Mitarbeiter kann der Eindruck mangelnder Konstanz im Führungsverhalten entstehen, wenn immer wieder anders vorgegangen wird, ohne dass das Vorgehen an sich erklärt wird. Dieser Eindruck mangelnder Konstanz kann zu Unruhe oder Unsicherheit führen, da die Mitarbeiter nicht wissen, welche Erwartungshaltung der Vorgesetzte in welcher Entscheidungssituation an sie hat.

3. Hinweise zur Lösung

Führung ist das zentrale Element des Managementprozesses. Der Führungsstil als konkrete Ausprägung des Führungsverhaltens eines Vorgesetzten ist dabei wesentlicher Bestandteil. Weitere wichtige Bestandteile sind die Unternehmenskultur als grundsätzliche, nicht einzelfallbezogene Wert-/Zielorientierung, die einen Rahmen für das individuelle Führungsverhalten bildet, sowie die verwendeten Management-Techniken, die den Inhalt der zu treffenden Entscheidungen be- bzw. abgrenzen.

4. Literaturempfehlungen

Jung, S. 220 ff.

Paul, S. 344 ff.

Schierenbeck/Wöhle, S. 126 ff.

Thommen/Achleitner, S. 919 ff. und S. 963 ff.

Aufgabe 2: Führung/Unternehmenskultur

Wissen

Bearbeitungszeit: rund 15 Minuten

1. Aufgabenstellungen

a) Was versteht man unter Unternehmenskultur?

b) Woran erkennt man eine stark ausgeprägte Unternehmenskultur?

c) Stellen Sie kurz je drei Vor- und Nachteile einer stark ausgeprägten Unternehmenskultur dar.

2. Lösungen

Zu a)

Als Unternehmenskultur bezeichnet man die grundlegenden Normen, Wertvorstellungen und Denkhaltungen aller Mitarbeiter, die die Arbeitsweise und damit auch das Erscheinungsbild des Unternehmens nach innen und außen prägen.

Zu b)

Wie stark eine Unternehmenskultur ausgeprägt ist, hängt ab von

– dem Verankerungsgrad: je stärker die Unternehmenskultur bei jedem einzelnen Mitarbeiter verankert/verinnerlicht ist, desto stärker wird sie Handlungen und Entscheidungen beeinflussen. Der Verankerungsgrad betrifft die individuelle Übereinstimmung des Mitarbeiters mit der Unternehmenskultur bzw. seine Akzeptanz der Unternehmenskultur.

– dem Übereinstimmungsausmaß: je mehr Mitarbeiter mit der Unternehmenskultur übereinstimmen, d. h. je weiter diese im Unternehmen verbreitet bzw. akzeptiert ist, desto stärker ist sie ausgeprägt. Das Übereinstimmungsausmaß betrifft die kollektive Übereinstimmung der Mitarbeiterschaft mit der Unternehmenskultur.
– der Systemvereinbarkeit: je mehr die Unternehmenskultur mit anderen Teilsystemen des Unternehmens übereinstimmt, desto stärker ist sie ausgeprägt.
– der Umweltvereinbarkeit: Differenzen zwischen Unternehmenskultur und gesellschaftlicher Wahrnehmung bzw. gesellschaftlicher Erwartungshaltung können zu Entscheidungen oder Handlungen führen, die von der Umwelt/der Gesellschaft nicht akzeptiert werden und sich dann negativ auf die Geschäftsentwicklung oder das Image auswirken können.

Zu c)
Vorteile einer stark ausgeprägten Unternehmenskultur sind beispielsweise:
– Handlungsorientierung: Die meisten Unternehmenskulturen beinhalten ein gemeinsames Verständnis, wie Vorgänge, Projekte, Aufgaben etc. typischerweise bearbeitet werden. Sie beinhalten grundsätzliche Arbeitsmethoden bzw. -ansätze und erleichtern damit die Herangehensweise an Aufgaben, insbesondere wenn sie neu sind.
– Reibungslose Kommunikation: Kommunikation beinhaltet neben den ausdrücklichen, expliziten Botschaften, die transportiert werden sollen, auch immer informelle, implizite Botschaften; dies betrifft insbesondere die Art und Weise, wie kommuniziert wird: Welche Medien werden gewählt? Wie ist die Botschaft aufgebaut? Je ausgeprägter das gemeinsame Verständnis zur Kommunikation ist, desto leichter wird die Botschaft vom Empfänger richtig und vollständig verstanden.
– Schnellere Entscheidung: Eine ausgeprägte Unternehmenskultur beinhaltet nicht nur typische Arbeitsweisen oder Kommunikationsformen, sondern auch typisches Entscheidungsverhalten. Das kann sich sowohl auf den Inhalt der Entscheidungen beziehen, d. h. es gibt für bestimmte Situationen typische Entscheidungen in einem Unternehmen, als auch auf den Prozess der Entscheidungsfindung, d. h. es gibt bestimmte, im Unternehmen anerkannte Methoden, um Entscheidungen zu treffen. Beides kann zu schnelleren Entscheidungen führen.

Hinweis
Das soll nicht heißen, dass schnellere Entscheidungen automatisch besser oder richtiger sind. Aber Schnelligkeit bei der Entscheidungsfindung ist ein Element, das vor allem bei dringlichen Entscheidungen wie z. B. in Krisen zunehmend an Bedeutung gewinnt.
Geringerer Kontrollaufwand:
– Gibt es ein gemeinsames Verständnis, wie gearbeitet werden soll und ist dieses von allen Beteiligten als Eigenanspruch verinnerlicht, so werden zumindest teilweise Fremdkontrollen durch Eigenkontrollen ersetzt werden können.

– Motivation und Identifikation: Eine ausgeprägte Unternehmenskultur trägt zu der
  Wahrnehmung bei, dass der einzelne Mitarbeiter zu einer „besonderen" Gruppe/
  Organisation gehört, was dazu führt, dass er sich mit dieser identifiziert. Starke
  Identifikation ist die Basis für eine hohe Motivation, sich für die Gruppe/Organi-
  sation einzusetzen. Insbesondere die Abgrenzung zu anderen Unternehmen und
  vor allem Wettbewerbern trägt hier zu einer Bildung eines „Korpsgeists" bei.

Nachteile einer stark ausgeprägten Unternehmenskultur sind die Übersteigerung
der oben genannten Vorteile. Das sind beispielsweise:

– Tendenz zur Abschottung: Je stärker ein „Korpsgeist" ausgeprägt ist, d. h. die Vor-
  stellung, dass die eigene Organisation anderen deutlich überlegen ist, desto eher
  wird die Beobachtung oder Auseinandersetzung mit anderen Organisationen
  und insbesondere Wettbewerbern unterbleiben: Wir sind ohnehin besser als die
  anderen, warum sollten wir uns also mit ihnen beschäftigen?
– Blockierung neuer Ideen: Je stärker Denk- und Arbeitsweisen in der Unternehmenskultur festgelegt sind, desto schwieriger wird die Auseinandersetzung mit
  neuen Gedanken, da man damit nicht nur das eigene Gedankengebäude, sondern
  das Gedankengebäude des Unternehmens in Frage stellt.
– Mangelnde Flexibilität: Da eine stark ausgeprägte Unternehmenskultur Denk-
  und Handlungsweisen einschränkt bzw. Alternativen reduziert, kann eine Folge
  sein, dass generell Flexibilität im Umgang mit sich ändernden Situationen fehlt
  oder verloren geht.

3. Hinweise zur Lösung

Die Unternehmenskultur als grundlegende Wert- und Zielorientierung ist eine wesentliches Element der Führung in einem Unternehmen; die Führung selbst ist das zentrale
Element des Managementprozesses. Weitere wichtige Bestandteile sind der Führungsstil als konkrete Ausprägung des Führungsverhaltens eines Vorgesetzten sowie die
verwendeten Management-Techniken, die den Inhalt der zu treffenden Entscheidungen be- bzw. abgrenzen.

4. Literaturempfehlungen

Jung, S. 169 ff.
Paul, S. 171 ff.
Thommen/Achleitner, S. 953 ff.

12 Vollständige Klausuren: Aufgabenstellungen

Wissen/Anwenden/Transfer
Bearbeitungsdauer je Klausur: 60 Minuten

Klausur 1

1. Grundlagen/Liquidität und Liquiditätskennzahlen

Tabelle 20: Bilanz Muster-AG

Aktiva		Passiva	
Anlagevermögen	250	Eigenkapital	150
Vorräte	50	langfr. Rückstellungen	80
Forderungen	150	langfr. Verbindlichkeiten	110
Zahlungsmittel	80	kurzfr. Verbindlichkeiten	190
Bilanzsumme	530	Bilanzsumme	530

Bilanz der Muster-AG
a) Was versteht man unter Liquidität und warum ist sie wichtig für ein Unternehmen?
b) Wovon hängt die Liquidität eines Unternehmens ab?
c) Definieren Sie die Kennzahlen Liquidität 1., 2. und 3. Ordnung, ermitteln Sie diese für die obenstehende Bilanz und interpretieren Sie diese.
d) Warum ist die Aussagekraft dieser Kennziffern beschränkt?

2. Managementprozess/Ziele und Zielsystem

a) Definieren Sie allgemein den Begriff „Ziel" (aus Sicht der Betriebswirtschaftslehre). Geben Sie kurz ein Beispiel für ein Ziel aus der betrieblichen Praxis an.
b) Nennen und erläutern Sie mögliche Zielbeziehungen und geben Sie jeweils ein praktisches Beispiel an.
c) Was ist ein Zielsystem? Welchem Zweck dient ein Zielsystem? Geben Sie für eine mögliche Zielbeziehung aus b) an, wie man Zielbeziehungen mit einem Zielsystem handhabt.

3. Organisation/Grundbegriffe und -elemente

a) Erklären Sie den Unterschied zwischen Aufbau- und Ablauforganisation.
b) Welche Faktoren sind im Rahmen der Organisationsgestaltung relevant? Geben Sie ggf. Beispiele an.

DOI 10.1515/9783110481822-012

4. Konstitutive Entscheidungen/Standortwahl

a) Mit welcher Entscheidungssituation beschäftigt sich die Standortwahl von Betrieben?
b) Was verstehen Sie unter Standortfaktoren?
c) Geben Sie beispielhaft fünf Standortfaktoren an.
d) Welches Problem kann bei der Berücksichtigung mehrerer Standortfaktoren auftreten? Wie kann man es lösen? Wie beurteilen Sie Ihren Lösungsansatz?

Klausur 2

1. Materialwirtschaft und Logistik/ABC-Analyse und XYZ-Analyse

Erläutern Sie ausführlich die Instrumente „ABC-Analyse" und „XYZ-Analyse". Beschreiben Sie in diesem Zusammenhang auch die Güterarten, die im Rahmen der beiden Konzepte unterschieden werden. Stellen Sie kurz dar, wie die „ABC-Analyse" und die „XYZ-Analyse" kombiniert werden können.

2. Produktion/Kapazität

Erläutern Sie, was man unter der (quantitativen) Kapazität eines Produktionssystems versteht und welche grundsätzlichen Möglichkeiten zur Erweiterung der Kapazität bestehen (mit jeweils einem Beispiel). Zeigen Sie darüber hinaus auf, was vor diesem Hintergrund der Beschäftigungsgrad ist und wie dieser mit der Kapazität zusammenhängt.

3. Marketing/Marketing Mix

Die Bastian AG plant im Zuge der kommenden Fußballweltmeisterschaft die Einführung einer innovativen Handyhülle, die ihre Farben und Klingeltöne in Abhängigkeit vom jeweiligen Spielstand des Lieblingslandes/-vereins automatisch wechselt. Die nachfolgende Tabelle zeigt die Absatzprognosen der Markforschungsabteilung:

Tabelle 21: Absatzprognose Bastian AG

Jahr	Absatzprognose in Stück
20x1	600.000
20x2	1.600.000
20x3	1.400.000
20x4	1.000.000

Erfahrungsgemäß sind die Produkte der Bastian AG sehr kurzlebig und weisen einen Lebenszyklus von etwa drei bis maximal vier Jahren auf. Geplant ist, dass die Hüllen für 6 € an den Einzelhandel abgegeben werden sollen, dabei jedoch noch ein Rabatt von 30 % eingeräumt werden soll. Die Materialkosten liegen derzeit bei 0,90 €, die variablen Fertigungskosten bei 0,30 € je Hülle, die Fixkosten für die Lizenzgebühr, Produktion, Marketing und Verwaltung betragen im ersten Jahr (20x1) 4 Mio. €, in den Jahren 20x2 – 20x4 jeweils 3 Mio. € pro Jahr.

a) Berechnen Sie die Plangewinne der vier Jahre und begründen Sie damit, ob Sie die Einführung des Produktes empfehlen.

b) Stellen Sie den Lebenszyklus für die Handyhüllen grafisch dar.

c) Erläutern Sie in tabellarischer Form in Stichworten, welche Marketing-Maßnahmen (Produkt-, Distributions- und Kommunikationspolitik) Sie für die Handyhüllen in den ersten beiden Phasen des Produktlebenszyklus empfehlen und begründen Sie Ihre Wahl kurz.

d) Erläutern Sie den Begriff, die Arten und die Voraussetzungen einer Preisdifferenzierung.

e) Begründen Sie, welche Art der Preisdifferenzierung Sie in diesem Beispiel anwenden würden und wägen Sie mögliche Chancen und Risiken ab.

4. Personalmanagement/Lohngerechtigkeit, Personalentwicklung und Arbeitsteilung

a) Erläutern Sie den Begriff und mögliche Kriterien der Lohngerechtigkeit.

b) Stellen Sie die Ziele und Inhalte der Personalentwicklung dar und zeigen Sie den Zusammenhang zur Personalmotivation und Entgeltpolitik auf.

c) Beschreiben Sie kurz die Vor- und Nachteile eines hohen Grades an Arbeitsteilung (Spezialisierung).

13 Lösungen zu den Klausuren

Lösungen zu Klausur 1

1. Grundlagen/Liquidität und Liquiditätskennzahlen

Bilanz der Muster-AG

Tabelle 22: Bilanz Muster-AG (Lösung)

Aktiva		Passiva	
Anlagevermögen	250	Eigenkapital	150
Vorräte	50	langfr. Rückstellungen	80
Forderungen	150	langfr. Verbindlichkeiten	110
Zahlungsmittel	80	kurzfr. Verbindlichkeiten	190
Bilanzsumme	530	Bilanzsumme	530

a) Was versteht man unter Liquidität und warum ist sie wichtig für ein Unternehmen?

Liquidität kann man als Eigenschaft von Vermögensgegenständen verstehen, d.h. als Angabe, wie schnell sich ein Vermögensgegenstand in Zahlungsmittel verwandeln lässt.

Die Frage zielt aber auf das Verständnis von Liquidität als Unternehmenseigenschaft ab, d. h. ein Unternehmen ist liquide (zahlungsfähig, solvent), wenn es jederzeit in der Lage ist, seine finanziellen Verpflichtungen fristgerecht zu erfüllen.

Liquidität im Sinne von Zahlungsfähigkeit ist für Unternehmen eine Grundvoraussetzung: Zum einen werden nicht zahlungsfähige Unternehmen kaum in der Lage sein, ihren Geschäftsbetrieb aufrecht zu erhalten, da sie Produktionsfaktoren nur noch unter zusätzlicher Kreditgewährung erwerben können. Die Kreditgewährung, z. B. durch Lieferanten, ist mit hohen Ausfallrisiken verbunden, wenn bei Kreditgewährung schon eine tatsächliche oder drohende Zahlungsunfähigkeit vorliegt. Um dieses Risiko im allgemeinen Geschäftsverkehr zu verringern, hat der Gesetzgeber zum anderen, die (drohende) Zahlungsunfähigkeit als Insolvenzgrund für alle Unternehmen festgelegt: Sobald einem Unternehmen die Zahlungsunfähigkeit droht oder schon eingetreten ist, muss die Unternehmensleitung unverzüglich beim Insolvenzgericht einen Insolvenzantrag stellen. Ein normaler Geschäftsbetrieb ist damit nicht mehr möglich (auch wenn er nicht zwingend eingestellt werden muss).

Hinweis
Wegen dieser grundlegenden Bedeutung der Liquidität eines Unternehmens für den Geschäftsablauf hat der Gesetzgeber den Unternehmensleitungen enge Pflichten

DOI 10.1515/9783110481822-013

auferlegt. Wird nicht rechtzeitig ein Antrag auf Insolvenzeröffnung gestellt, obwohl die Zahlungsunfähigkeit bekannt war, liegt eine Insolvenzverschleppung vor, die eine Straftat darstellt.

b) Wovon hängt die Liquidität eines Unternehmens ab?

Die Liquidität eines Unternehmens hängt ab von
- der Höhe der Zahlungsmittel und deren Verfügbarkeit,
- der Höhe der ungenutzten Bankkredite oder Kreditlinien, da diese als Zahlungsmittel ausgenutzt werden können,
- der Höhe und Fälligkeit der eigenen Forderungen und,
- der Höhe und Fälligkeit der eigenen Verbindlichkeiten.

Hinweis
Eine Kernfrage der Liquiditätsplanung ist, inwieweit die eigenen Forderungen und Verbindlichkeiten sich in Höhe und Fälligkeit entsprechen und somit der Zahlungsmittelzufluss aus den Forderungen zur Tilgung der Verbindlichkeiten genutzt werden kann.

Da der Zahlungsmittelzufluss immer gewissen Unsicherheiten unterliegt, z. B. zahlt ein Kunde verspätet oder beanstandet eine Lieferung und kürzt die Zahlung, die Verbindlichkeiten aber fristgerecht beglichen werden müssen, wird üblicherweise ein Risikopuffer eingeplant. Dieser Risikopuffer kann die Form von zusätzlichen Bankguthaben oder von nicht ausgenutzten Kreditlinien haben.

c) Definieren Sie die Kennzahlen Liquidität 1., 2. und 3. Ordnung, ermitteln Sie diese für die obenstehende Bilanz und interpretieren Sie diese.

$$\text{Liquidität 1. Ordnung} = \frac{\text{Zahlungsmittel}}{\text{kurzfr. Verbindlichkeiten}}$$

$$\text{auch "Cash Ratio"} = \frac{80}{190} \approx 42\,\%$$

Die kurzfristigen Verbindlichkeiten sind nur teilweise, zu 42 % durch die vorhandenen Zahlungsmittel gedeckt.

$$\text{Liquidität 2. Ordnung} = \frac{\text{Zahlungsmittel} + \text{Forderungen}}{\text{kurzfr. Verbindlichkeiten}}$$

$$\text{auch "Quick / Acid Test Ratio"} = \frac{80 + 150}{190} \approx 121\,\%$$

Die kurzfristigen Verbindlichkeiten sind mehr als vollständig durch die Zahlungsmittel und die Forderungen gedeckt.

$$\text{Liquidität 3. Ordnung} = \frac{\text{Umlaufvermögen}}{\text{kurzfr. Verbindlichkeiten}}$$

$$\text{auch "Current Ratio"} = \frac{80 + 150 + 50}{190} \approx 147\,\%$$

Die kurzfristigen Verbindlichkeiten sind mehr als vollständig durch das Umlaufvermögen gedeckt.

Hinweis

Der Wert von 42 % bei der Liquidität 1. Ordnung ist nicht untypisch – bei vielen Jahresabschlüssen ergibt die Liquiditätsanalyse, dass die Zahlungsmittel nur einen Teil der kurzfristigen Verbindlichkeiten decken. Da ein erheblicher Teil der kurzfristigen Verbindlichkeiten meist erst im Jahresverlauf fällig wird, stellt dies auch nicht unmittelbar ein Liquiditätsproblem dar.

d) Warum ist die Aussagekraft dieser Kennziffern beschränkt?

Die statischen Liquiditätskennziffern sind sehr aggregierte Kennzahlen, d. h. es werden keine Teilkategorien der Forderungen und Verbindlichkeiten analysiert, sondern die entsprechenden Bilanzposten übernommen. Dies ist auch der größte Vorteil dieser Kennzahlen: sie sind für jedes Unternehmen, das einen Jahresabschluss veröffentlichen muss, leicht ermittelbar.

Die Jahresabschlusszahlen sind aber historische Daten, d. h. sie bilden die Vergangenheit zum Bilanzstichtag ab. Eine Aussage über die zukünftige Entwicklung der Zahlungsfähigkeit ist nur bedingt möglich. Vor allem ist keine Aussage über die genauen Fälligkeiten der Forderungen und Verbindlichkeiten und damit der Fristenkongruenz möglich.

Zudem ist bei den Liquiditätsgraden 2. und 3. Ordnung ein Teil des betrieblichen Umsatzprozesses noch nicht erfolgt: bei der Liquidität 3. Ordnung müssen die Produkte teilweise erst noch produziert werden, dann müssen die fertigen Produkte verkauft und schließlich die dann bestehenden Forderungen auch bezahlt werden. Jeder Schritt birgt Unsicherheiten, die in den Kennzahlen nicht berücksichtigt sind und aufgrund mangelnder Information auch nicht berücksichtigt werden können.

Hinweise zur Lösung

Diese Aufgabe deckt einen Teil der „Grundlagen des Rechnungswesens" ab. Im Rahmen dieses Teilgebiets werden typischerweise weitere Kennzahlen wie z. B. Rentabilitäten und Begriffsunterscheidungen wie z. B. Aufwand vs. Kosten betrachtet.

Literaturempfehlungen

Bacher, S. 149 ff. und 167 ff.

Thommen/Achleitner, S. 567 f.

Wöhe/Döring, S. 533 ff

2. Managementprozess/Ziele und Zielsystem

a) Definieren Sie allgemein den Begriff „Ziel" (aus Sicht der Betriebswirtschaftslehre). Geben Sie kurz ein Beispiel für ein Ziel aus der betrieblichen Praxis an.

Definition Ziel: Ein Ziel ist ein zukünftig angestrebter Zustand der Realität.

Wichtig ist, den Zustand, den das Unternehmen in der Zukunft erreichen soll, nach Zielinhalt (was?), Zielausmaß (Umfang?), zeitlicher Dimension (wann?), organisatorischem Bezug (wer?) zu konkretisieren.

Beispiele:

– „Der Gewinn des Unternehmens im Jahr 20X1 soll um 5 % zum Vorjahr gesteigert werden." als Unternehmensziel.

– „Die Fertigungskosten je Stück des Bauteils a12 sollen bis Februar 2017 um 30,17 € gesenkt werden" als Ziel der Fertigungsabteilung.

b) Nennen und erläutern Sie mögliche Zielbeziehungen und geben Sie jeweils ein praktisches Beispiel an.

Verfolgt ein Unternehmen mehrere Ziele, so bestehen zwischen diesen Zielbeziehungen. Folgende Zielbeziehungen werden unterschieden:

1. Komplementäre (zusammenhängende, gleichgerichtete, ergänzende) Ziele: Die Erreichung des einen Ziels bewirkt die Erreichung des anderen. Beispiele:
    –   Freiwillige Sozialleistungen fördern die Motivation der Mitarbeiter und das Image des Unternehmens.
    –   Kostensenkungen steigern die Liquidität und den Gewinn.
    –   Hohe Produktqualität fördert das Image des Unternehmens und reduziert den Aufwand für Gewährleistungen.

2. Konkurrierende (konfliktäre, gegenläufige) Ziele: Die Erreichung des einen Ziels vermindert/behindert die Erreichung des anderen Ziels. Beispiele:
    –   Durch Senken der Personalkosten, z. B. Entlassungen, wird zwar der Gewinn erhöht, aber eine gleichzeitige Senkung der Mitarbeitermotivation vermutet, sodass das Ziel der Steigerung der Mitarbeitermotivation behindert wird.
    –   Das Senken der Materialkosten erhöht zwar den Gewinn, verschlechtert aber häufig die Qualität von Produkten.

Komplementäre und konkurrierende Ziele sind abhängige Ziele. Davon unterscheiden sich unabhängige Ziele:

3. Indifferente (unabhängige, neutrale) Ziele: Das Erreichen des einen Ziels beeinflusst das Erreichen des anderen Ziels nicht. Beispiele:
   - Kantinenessen verbessern und Kosten der Fertigung senken.
   - Kapazitätsauslastung einer Maschine steigern und Verbesserung des Umweltschutzes.

c) *Was ist ein Zielsystem? Welchem Zweck dient ein Zielsystem? Geben Sie für eine mögliche Zielbeziehung aus b) an, wie man Zielbeziehungen mit einem Zielsystem handhabt.*

Ein Zielsystem stellt Ziele in einem geordneten Zusammenhang dar. Es besteht aus mehreren Zielen und strukturiert diese Ziele, d. h. gibt Zieldimensionen (Inhalt, Ausmaß, zeitlichen Bezug, organisatorischen Bezug) und die Zielbeziehungen an.

Der Zweck der Erstellung und Festlegung eines Zielsystems ist es, alle Ziele im Unternehmen zu koordinieren. So können Entscheidungen bzgl. dieser Ziele aufeinander abgestimmt werden. Entsprechend können Entscheidungsträger bzw. deren Verhalten beeinflusst werden. Beispiel:
- Komplementäre Ziele: Ober- und Unterziel festlegen (Zielhierarchie).
- Konkurrierende Ziele: Zielgewichtungen (Haupt- und Nebenziel) festlegen.

Hinweise zur Lösung

Ziele sind selten völlig unabhängig voneinander. Wenn man Zielbeziehungen untersucht, lassen sich meist starke und weniger starke Abhängigkeiten aufdecken (auch in den Beispielen zu b). Außerdem können bei abhängigen Zielen komplementäre und konkurrierende Wirkungen gemeinsam auftreten. Beispielsweise können sich im zeitlichen Verlauf Zielbeziehungen verändern, bspw. können konkurrierende Ziele durch technologische Weiterentwicklung zu komplementären Zielen werden. Folglich müssen die Abgrenzungen bzgl. Zielbeziehungen in einem Zielsystem zweckmäßig sein, d. h. ein gewisser Pragmatismus ist erforderlich.

Eine Methode, um die Zielerreichung verschiedener, nicht direkt vergleichbarer Ziele zu gewichten, ist die Nutzwertanalyse (vgl. Aufgaben zum Themenbereich „Konstitutive Entscheidungen").

Ein zentrales Element der Unternehmensführung ist die Festlegung und Verfolgung von Zielen. Der Managementprozess beginnt mit der Zieldefinition, da rationales, wirtschaftliches Handeln immer ein Ziel erfordert. Häufig ist es zweckmäßig – gerade in arbeitsteiligen Organisationen, wie z. B. Unternehmen mit vielen Mitarbeitern – das oder die Unternehmensziele in viele Teilziele aufzuspalten und sie in einzelnen organisatorischen Einheiten (getrennt voneinander) zu verfolgen.

Dabei muss man abschätzen können, welche Wirkung die Verfolgung der einzelnen Teilziele auf das Gesamtziel hat. Dazu eignet sich die Analyse der Zielbeziehungen. In der Führung ist die Motivationswirkung von Zielen von Interesse, so können bspw. hoch gesteckte Ziele anspornen, zu hoch gesteckte Ziele jedoch Frustration auslösen.

Literaturempfehlungen

Jung, S. 175 ff.

Schierenbeck/Wöhle, S. 71 ff. und 104 ff.

Thommen/Achleitner, S. 109 ff.

Wöhe/Döring, S. 66 ff.

3. Organisation/Grundbegriffe und -elemente

a) Erklären Sie den Unterschied zwischen Aufbau- und Ablauforganisation.

Aufbauorganisation und Ablauforganisation untersuchen das Unternehmen nach zwei zusammenhängenden Fragestellungen.

Aufbauorganisation:

- Festlegung von Arbeitsteilung und Spezialisierung in Stellen und Abteilungen
- Struktur: Wie ist das Unternehmen aufgebaut? Welche Stellen gibt es? Welche Aufgaben sind den Stellen zugeordnet?
- Wie hängen Organisationseinheiten zusammen, z. B. hierarchische Beziehungen (Über-/Unterordnung), Informationswege?
- legt das „Straßennetz" fest, um Aufgaben im Unternehmen zu erledigen

Instrumente zur Darstellung der Aufbauorganisation sind z. B. Organigramm, Stellenbeschreibung oder Funktionsbeschreibung.

Ablauforganisation/Prozessorganisation

Ein Prozess ist eine Folge von Aktivitäten zur Erstellung einer Leistung.

- Die Gestaltung der Ablauforganisation klärt folgende Fragen: Wie sind Aufgaben in Teilaufgaben/Aktivitäten zerlegt? Wie laufen diese Prozesse im Unternehmen ab? Wer macht was wann konkret?
  Beispiel: Die Aufgabe „Fertigung eines Stücks des Produkts A" muss in Teilschritten von unterschiedlichen Personen mit Hilfe bestimmter Arbeitsmittel und Maschinen in zeitlich aufeinander abgestimmten Aktivitäten erfolgen.
- Schwerpunkt ist die zeitliche und räumliche Dimension einzelner Aktivitäten
- Ziel ist die Prozesseffizienz, z. B. Geschwindigkeit: „Wie lange benötigt ein Produkt bis zur Fertigstellung?"; s. o. ähnlich der „verzögerungsfreie Verkehrsfluss" im „Straßennetz".

Instrumente zur Darstellung der Ablauforganisation sind z. B. Arbeitsablaufverzeichnis, Ablaufplan, Flussdiagramm oder Netzplan.

Bei der Organisationsgestaltung müssen die Fragen der Ablauf- und Aufbauorganisation insgesamt beantwortet werden. Beide Bereiche hängen eng zusammen, stehen aber für unterschiedliche Perspektiven des Unternehmens.

b) *Welche Faktoren sind im Rahmen der Organisationsgestaltung relevant? Geben Sie ggf. Beispiele an.*

An folgenden Faktoren kann man die Organisationsgestaltung orientieren:
- Umfang/Volumen von Aktivitäten: Möglichkeit zur Spezialisierung.
- Verschiedenheit von Aktivitäten.
- Aufwand für Kommunikation/Informationsfluss.
- notwendige Reaktionszeit.
- Folgen für die Koordinationsmöglichkeit von Entscheidungen: Informationsfluss und Informationsasymmetrie werden durch die Organisationsgestaltung beeinflusst. Nachteile aus Informationsasymmetrie müssen Vorteilen, z. B. aus Spezialisierung, gegenüber gestellt werden.
- Anforderungen an die Prozessqualität, z. B. Prozesszuverlässigkeit beim Betrieb eines Atomkraftwerks im Vergleich zum Vertrieb von Gebrauchtwagen.
- Anforderungen an die Klarheit/Eindeutigkeit von Entscheidungen, z. B. Regeln/ generelle Regelungen vs. ad-hoc Entscheidungen.
- Leitungsspanne: Beispiel: Vertriebshierarchie, in der viele Außendienstmitarbeiter einem Vertriebsleiter zugeordnet sind im Vergleich zu einer Forschungsabteilung, bei der eine Führungskraft nur wenige hoch spezialisierte Forscher führen kann.

Hinweise zur Lösung
Die Organisationsgestaltung ist eine wesentliche Entscheidung im Unternehmen mit langfristiger Wirkung. Damit kann sie strategische Bedeutung erhalten. Die Abschätzung der Wirkungen unterschiedlicher Organisationsstrukturen ist außerordentlich komplex. Einmal gebildete Strukturen sind schwierig veränderbar – u. a. da sie die Menschen im Unternehmen betreffen. Daher sind Organisationsstrukturen auch aus personalwirtschaftlicher Sicht zu beurteilen.

Literaturempfehlungen
Jung, S. 260 ff.
Paul, S. 241 ff.
Schierenbeck/Wöhle, S. 122 ff.
Thommen/Achleitner, S. 821 ff.
Wöhe/Döring, S. 100 ff.

4. Konstitutive Entscheidungen/Standortwahl

a) Mit welcher Entscheidungssituation beschäftigt sich die Standortwahl von Betrieben?

Die Standortwahl bestimmt den optimalen geografischen Standort der Betriebsstätten eines Unternehmens. Beispiel: Optimale Wahl des Sitzes des Unternehmens, der Hauptverwaltung, eines Zentrallagers etc.

b) Was verstehen Sie unter Standortfaktoren?

Als Standortfaktoren werden in der Betriebswirtschaftslehre die Einflussgrößen bezeichnet, die bezüglich der Vorteilhaftigkeit des Standortes relevant sind und den Erfolg des Unternehmens beeinflussen.

Beispiele: Die Lage des Zentrallagers hat Einfluss auf die Transportkosten, die Transportentfernung und -dauer zu den Kunden. Während die Kosten direkt den Gewinn beeinflussen, kann die Transportdauer durch eine kurze Reaktionsgeschwindigkeit gegenüber Kunden mittelbaren Einfluss auf den Erfolg haben.

c) Geben Sie beispielhaft fünf Standortfaktoren an.

Standortfaktoren können sein:
- Marktnähe (Nähe zu Kunden, Nähe zu wichtigen Lieferanten)
- Verfügbarkeit von Arbeitskräften, Attraktivität des Standorts für Arbeitskräfte
- Infrastruktur (Erreichbarkeit)
- Umweltschutzauflagen
- Grundstückspreise, Mieten, Standortstruktur (verfügbare Fläche)
- Steuerliche Belastung (Gewerbesteuer, Grundsteuer)
- Staatliche Leistungen etc.

d) Welches Problem kann bei der Berücksichtigung mehrerer Standortfaktoren auftreten? Wie kann man es lösen? Wie beurteilen Sie Ihren Lösungsansatz?

Die zur Auswahl stehenden Standorte müssen verschiedenen Standortkriterien gerecht werden. Im Regelfall wird kein Standort bei jedem Standortfaktor besser als alle anderen sein. In diesem Fall ist kein (bzgl. der Standortfaktoren) dominanter Standort ermittelbar. Dann müssen die Ergebnisse aus den Einzelbewertungen der Standortfaktoren eines Standorts im Rahmen einer Gesamtbetrachtung analysiert werden. Da es sich um unterschiedliche Bewertungskriterien handelt, ist es erforderlich, diese auf einer Skala vergleichbar zu machen.

Das Verfahren der Nutzwertanalyse liefert einen Ansatz, die Bewertungskriterien in ihrer Bedeutung zueinander zu gewichten. Gegebenenfalls vorliegende qualitative

Kriterien können mit Einführung einer quantitativen Bewertung der Ausprägungen (Nutzwerte) quantifiziert werden. Die Erfüllung jedes Standortfaktors wird mit einem Teilnutzen erfasst. Die Teilnutzen werden mit der Gewichtung des jeweiligen Standortfaktors multipliziert und diese gewichteten Teilnutzen zu einem Gesamtnutzen einer Standortalternative summiert. Der Standort mit dem höchsten Nutzwert wird vom Verfahren als bester Standort vorgeschlagen.

Allgemeine Probleme des Nutzwertverfahrens: Wurden alle relevanten Standortfaktoren berücksichtigt? Wie können Gewichtungen eines Standortfaktors objektiv ermittelt werden? Wie sind die Nutzwerte objektiv zu ermitteln? Das Verfahren unterliegt der Gefahr der „Scheinobjektivität".

Hinweise zur Lösung

Die Standortentscheidung zählt mit ihrer typischerweise langen Bindungswirkung zu den konstitutiven, betrieblichen Entscheidungen. Die Nutzwertanalyse/Scoring-Methode ist ein einfaches quantitatives Modell, um multikriterielle Entscheidungen (Mehrzielentscheidungen) zu treffen. Die Standortentscheidung ist inhärent schwierig aufgrund der Unsicherheit in der Abschätzung ihrer langfristigen Konsequenzen.

Literaturempfehlungen

Jung, S. 66 ff.

Schierenbeck/Wöhle, S. 51 ff., S. 192 ff.

Thommen/Achleitner, S. 101 ff.

Wöhe/Döring, S. 260 ff.

Lösungen zu Klausur 2

1. Materialwirtschaft und Logistik/ABC-Analyse und XYZ-Analyse

Erläutern Sie ausführlich die Instrumente „ABC-Analyse" und „XYZ-Analyse". Beschreiben Sie in diesem Zusammenhang auch die Güterarten, die im Rahmen der beiden Konzepte unterschieden werden. Stellen Sie kurz dar, wie die „ABC-Analyse" und die „XYZ-Analyse" kombiniert werden können.

Hinweis

Die ABC-Analyse ist eine Gruppierungsmethode. Sie vereinfacht die Analyse und Handhabung von Gegenständen/Sachverhalten, die sich in einem Kriterium unterscheiden. Grundsätzlich teilt die ABC-Analyse eine Menge von Objekten in drei Gruppen – mit A, B, C bezeichnet- ein. Bspw. gruppiert sie die Kunden eines Unternehmens. Die umsatzstärksten Kunden werden der Gruppe A zugeordnet, Kunden mittlerer Umsatzstärke der Gruppe B und die umsatzschwächsten Kunden der Gruppe C.

Idee der Gruppierung ist, dass die Objekte jeder Gruppe mit einer bestimmten Priorität beachtet und bearbeitet werden. Bspw. kümmert man sich intensiver um die A-Kunden (direkte Kontakte, etc.) als um C-Kunden.

In der Materialwirtschaft kann der Dispositionsaufwand von Materialien mit dieser Methode gesteuert werden. Erfahrungsgemäß machen die hochwertigen Materialien mit dem höchsten Beschaffungswert nur einen geringen Anteil an der Beschaffungsmenge aus (A-Materialien typischerweise 70 – 80 % des gesamten Beschaffungswertes, aber nur rund 10 – 20 % der Beschaffungsmenge). In der Konsequenz wird man A-Materialien mit genauen Methoden möglichst bedarfsgerecht (im einzelnen Bedarfsfall) beschaffen. So können bspw. Lagerhaltungskosten gering gehalten werden; zudem kann man versuchen, über Marktforschung, Beschaffungsmarketing etc. die Beschaffungskosten zu verringern. Bei C-Materialien (typischerweise 5 – 10 % des Beschaffungswerts bei 60 – 70 % der Beschaffungsmenge) steht der Aufwand einer Einzelfallbetrachtung in keinem Verhältnis zu den Einsparmöglichkeiten. Deshalb bedient man sich hier einfacherer Bevorratungsregeln, die zu höherem Bestand tendieren, um Fehlmengen zu vermeiden.

Bei der Festlegung der Gruppierung ist zu beachten, dass das Kriterium (hier Jahresbezugswert) nicht von den Zielgrößen abhängt, die man verbessern möchte, z. B. Lagerhaltungskosten.

Anders als die ABC-Analyse, die für Gruppierungen in verschiedenen betriebswirtschaftlichen Entscheidungsbereichen eingesetzt wird, ist die XYZ-Analyse eine Gruppierung, die man nur in der Materialwirtschaft kennt. Dabei werden die Materialarten nach der Art ihres Bedarfs/Verbrauchs untersucht (ggf. mit Ergänzung einer ABC-Gruppierung) und Zeitreihen des Verbrauchs in der Vergangenheit analysiert. Als unterstützendes Instrument kann ein Graph des zeitlichen Verbrauchs hinzugezogen werden.

X-Materialien weisen einen nahezu konstanten, gleichmäßig verteilten Verbrauch auf.

Y-Materialien haben einen vergleichsweise stärker variierenden Bedarf, z. B. durch eine Saisonalität oder durch einen Wachstumstrend.

Z-Materialien fallen durch zeitlich unregelmäßigen Bedarf (sporadisch auftretender Bedarf oder sich sprunghaft ändernder Bedarf) auf.

Beispiele:

X - Schrauben, die im Produkt eingesetzt werden (bei gleichmäßigem Abverkauf des Produkts),

Y - Energieverbrauch zur Beheizung der Betriebsstätte,

Z - Ersatzteile für Maschinen.

Die Kombination der beiden Gruppierungsmethoden kann derart erfolgen, dass zunächst die ABC-Analyse der Materialarten durchgeführt wird. Danach werden die A-, B- oder C-Teile auf ihre Regelmäßigkeit im Verbrauch hin untersucht und in XYZ eingeteilt; aus der Kombination beider Analysen ergeben sich dann folgende Kategorien: AX-, AY- und AZ-Materialien, BX, usw. (siehe Abbildung 19).

Wertigkeit

		A	B	C
	X	Hoher Verbrauchs-wert Hohe Vorhersage-genauigkeit/Stetiger Verbrauch	Mittlerer Verbrauchswert Hohe Vorhersage-genauigkeit/Stetiger Verbrauch	Niedriger Verbrauchswert Hohe Vorhersage-genauigkeit/Stetiger Verbrauch
Vorhersagegenauigkeit	**Y**	Hoher Verbrauchs-wert Mittlere Vorher-sagegen./Halb-stetig. Verbrauch	Mittlerer Verbrauchswert Mittlere Vorher-sagegen./Halb-stetig. Verbrauch	Niedriger Verbrauchswert Mittlere Vorher-sagegen./Halb-stetig. Verbrauch
	Z	Hoher Verbrauchs-wert Niedrige Vorher-sagegen./Stochast. Verbrauch	Mittlerer Verbrauchswert Niedrige Vorher-sagegen./Stochast. Verbrauch	Niedriger Verbrauchswert Niedrige Vorher-sagegen./Stochast. Verbrauch

Abbildung 19: ABC/XYZ-Analyse in Anlehnung an Jung, 2016

Hinweise zur Lösung

Das Ziel der Materialbedarfsplanung besteht darin, die für den Leistungserstellungs-prozess benötigten Materialien im Hinblick auf Art, Qualität, Menge und zeitliche Verteilung möglichst genau zu bestimmen. Eine Methode, um die diversen Materialarten anhand ihres Anteils am Beschaffungswert zu analysieren und dann zu klassifizieren ist die ABC-Analyse. Eine andere Klassifizierung ist die XYZ-Analyse. Sie verwendet den Verbrauchsverlauf bzw. die Prognosefähigkeit als Kriterium. Anhand dieser Klassifizierungen wird dann typischerweise entschieden, welche Planungs- und Bestellverfahren angewendet werden.

Literaturempfehlungen

Jung, S. 326 ff.

Schierenbeck/Wöhle, S. 251 ff. (nur ABC-Analyse)

Thommen/Achleitner, S. 319 ff.

Wöhe/Döring, S. 326 ff.

2. Produktion/Kapazität

Erläutern Sie, was man unter der (quantitativen) Kapazität eines Produktionssystems versteht und welche grundsätzlichen Möglichkeiten zur Erweiterung der Kapazität bestehen (mit jeweils einem Beispiel). Zeigen Sie darüber hinaus auf, was vor diesem Hintergrund der Beschäftigungsgrad ist und wie dieser mit der Kapazität zusammenhängt.

Die (Maximal-)Kapazität eines Produktionssystems ist als die Obergrenze der möglichen Fertigungsmenge definiert. Diese Fertigungsmenge ist von folgenden Faktoren abhängig: Die Fertigungszeit, Fertigungsgeschwindigkeit (auch Fertigungsintensität) und die Anzahl der zur Verfügung stehenden Fertigungsressourcen (Maschinen und Mitarbeiter).

Um einen Referenzwert zu ermitteln, geht man von einer durchschnittlichen (täglichen, wöchentlichen, monatlichen, jährlichen) Fertigungszeit aus, z. B. im Einschichtbetrieb von 8 Stunden täglich, einer normalen Fertigungsgeschwindigkeit (gemessen in fertiggestellten Produkteinheiten je Stunde) und von der zur Verfügung stehenden Ausstattung. Eine normale Fertigungsgeschwindigkeit ist die Menge an Einheiten, bei der die Mitarbeiter und die Anlagen mit der erforderlichen Präzision (geringe Fehlerquote) und zu geringem Betriebsstoffbedarf (z. B. Energie) und Verschleiß über längere Zeit arbeiten können. Die resultierende Fertigungsmenge wird als Kapazität des Produktionssystems (Produktionskapazität/Fertigungskapazität, Normalkapazität) bezeichnet. Diese Kennzahl ist auch für Betriebsteile oder einzelne Arbeitsplätze (Maschinen und Bedienpersonal) gebräuchlich.

Eine Anpassung der Kapazität ist durch eine Steigerung der Teilfaktoren möglich:
- eine zeitliche Anpassung der Kapazität, z. B. durch Umstellung auf 2-Schicht-Betrieb
- eine intensitätsmäßige Anpassung der Kapazität, z. B. durch Erhöhung der Taktzeit oder
- eine quantitative Anpassung, z. B. durch Inbetriebnahme zusätzlicher Maschinen.

Werden alle drei Faktoren in der höchstmöglichen Ausprägung verwendet, so ergibt das die Maximalkapazität.

Der Beschäftigungsgrad misst die tatsächlich erreichte Fertigungsmenge in einer Periode im Verhältnis zur Kapazität.

$$\text{Beschäftigungsgrad} = \frac{\text{tatsächliche Fertigungsmenge}}{\text{Kapazität}}$$

Er ist ein Indikator für die Nutzung der Fertigungsressourcen und lässt erste Rückschlüsse auf die realisierten Fertigungs(stück)kosten zu. In der Kostenrechnung wird der Beschäftigungsgrad bei der Berechnung der Stückkosten eingesetzt.

Hinweis zur Lösung

Die Entscheidung über die Produktionskapazität stellt eine wesentliche Aufgabe bei der Einrichtung einer Fertigung dar. Von ihr hängen nachfolgend die Kostenstruktur (fixe im Verhältnis zu variablen Kosten) und die Istkosten der Fertigung ab. Letztere beeinflussen den Gewinn bei schwankenden Fertigungs- und Verkaufsmengen.

Literaturempfehlungen

Schierenbeck/Wöhle, S. 243 ff.

Thommen/Achleitner, S. 518 ff.

Wöhe/Döring, S. 310 ff.

3. Marketing/Marketing Mix

Die Bastian AG plant im Zuge der kommenden Fußballweltmeisterschaft die Einführung einer innovativen Handyhülle, die ihre Farben und Klingeltöne in Abhängigkeit vom jeweiligen Spielstand des Lieblingslandes/-vereins automatisch wechselt. Die nachfolgende Tabelle zeigt die Absatzprognosen der Markforschungsabteilung:

Tabelle 23: Absatzprognose Bastian AG (Lösung)

Jahr	Absatzprognose in Stück
20x1	600.000
20x2	1.600.000
20x3	1.400.000
20x4	1.000.000

Erfahrungsgemäß sind die Produkte der Bastian AG sehr kurzlebig und weisen einen Lebenszyklus von etwa drei bis maximal vier Jahren auf. Geplant ist, dass die Hüllen für 6 € an den Einzelhandel abgegeben werden sollen, dabei jedoch noch ein Rabatt von 30 % eingeräumt werden soll. Die Materialkosten liegen derzeit bei 0,90 €, die variablen Fertigungskosten bei 0,30 € je Hülle, die Fixkosten für die Lizenzgebühr, Produktion, Marketing und Verwaltung betragen im ersten Jahr (20x1) 4 Mio. €, in den Jahren 20x2 – 20x4 jeweils 3 Mio. € pro Jahr.

a) *Berechnen Sie die Plangewinne der vier Jahre und begründen Sie damit, ob Sie die Einführung des Produktes empfehlen.*

Geplanter Deckungsbeitrag pro Stück

Netto-Erlös: 6,00 € – 1,80 € Rabatt	= 4,20 €
Variable Kosten: 0,90 € + 0,30 €	= 1,20 €
Deckungsbeitrag	3,00 €

Über die gesamten vier Jahre wird ein Gewinn in Höhe von 800.000 € erwartet. Aus diesem Grund wird die Einführung des Produktes empfohlen (siehe Tabelle 24).

b) *Stellen Sie den Lebenszyklus für die Handyhüllen grafisch dar.*

Abbildung 20 zeigt den Produktlebenszyklus der Handyhüllen.

Tabelle 24: Geplanter Gewinn Bastian

Jahr	Geplante Stückzahl	Geplanter Deckungs-beitrag in €	Geplante Fixkosten in €	Geplanter Gewinn/ Verlust in €
20x1	600.000	1.800.000	4.000.000	−2.200.000
20x2	1.600.000	4.800.000	3.000.000	+1.800.000
20x3	1.400.000	4.200.000	3.000.000	+1.200.000
20x4	1.000.000	3.000.000	3.000.000	0
Gesamt	4.600.000	13.800.000	13.000.000	+800.000

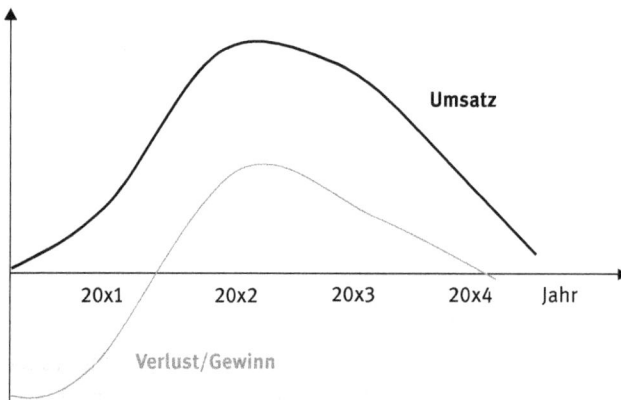

Abbildung 20: Produktlebenszyklus

c) *Erläutern Sie in tabellarischer Form in Stichworten, welche Marketing-Maßnahmen (Produkt-, Distributions- und Kommunikationspolitik) Sie für die Handyhüllen in den ersten beiden Phasen des Produktlebenszyklus empfehlen und begründen Sie Ihre Wahl kurz.*

Beispielhaft in Tabelle 25.

d) *Erläutern Sie den Begriff, die Arten und die Voraussetzungen einer Preisdifferenzierung.*

Preisdifferenzierung liegt vor, wenn das gleiche Produkt an unterschiedliche Käufergruppen zu unterschiedlichen Preisen veräußert wird. Mögliche Arten der Preisdifferenzierung sind:
- räumlich, z. B. werden in unterschiedlichen Regionen verschiedene Preise verlangt,
- zeitlich, z. B. saisonale Preise,

- nach Abnahmemengen oder Auftragsgröße, z. B. Treuekunden- oder Großkundenrabatte,
- nach Absatzweg und/oder –form, z. B. unterschiedliche Preise für Online- und stationären Kauf,
- nach Kundengruppen, z. B. nach demografischen Faktoren (Geschlecht, Alter, ...).

Voraussetzungen einer Preisdifferenzierung
- Die einzelnen Marktsegmente müssen sich nach bestimmten Merkmalen unterscheiden. Zudem müssen die Zielgruppen isoliert werden können und eine unterschiedliche Preiselastizität aufweisen.
- Die Märkte müssen unvollkommen/intransparent sein oder die Segmentierungskriterien eindeutig und einfach bestimmbar sein (z. B. das Alter einer Person), sonst würden alle Zielgruppen versuchen, zum niedrigsten Preis kaufen.

Tabelle 25: Zuordnung Marketing-Maßnahmen zu Phasen des Produktlebenszyklus für die Bastian AG

	Einführung	Wachstum
Produktpolitik	Ein Grundprodukt (anfangs nur in einer Grundfarbe, nur für bestimmte Handys und Handygrößen, Beschränkung auf einen Klingelton), um zunächst die Aufnahmefähigkeit des Marktes zu testen und die Funktionsfähigkeit sicherzustellen.	Produktdifferenzierung (mehrere Farben und Größen, mehrere Klingeltöne, Verknüpfung mit Apps und Ticketverkäufen für die jeweiligen Mannschaften, ggfls. zusätzliche Serviceleistungen), um das Marktpotenzial auszuschöpfen und Deckungsbeiträge zu generieren.
Distributions-politik	Selektiver Aufbau eines Distributionsnetzes, d. h. zunächst in den Fanshops und in Internetshops der Bundesligavereine oder des Deutschen Fußballbunds; dies ermöglicht eine zu Beginn des Lebenszyklus angemessene Marktabdeckung, einfache Marketinglogistik und der Vermarktungserfolg kann leicht kontrolliert werden.	Verdichtung und Erweiterung des Distributionsnetzes, d. h. auch Lieferung an Händlerketten, die Fan-Artikel saisonal verkaufen (bspw. Warenhäuser, Amazon usw.). Bei diesem Produkt im niedrigen Preisbereich und mit dem kurzen Lebenszyklus empfiehlt sich die Beibehaltung des indirekten Absatzwegs.
Kommuni-kationspolitik	Werbung: Bekanntmachen des Produktes bei „Frühadoptern" und im Handel; intensive Verkaufsförderung zur Anregung von Erstkäufen in den eigenen Fanshops	Aufwand bei Verkaufsförderung senken, aber (kurz vor der WM) Massenwerbung (bspw. Radio, Fernsehen) einsetzen.

e) *Begründen Sie, welche Art der Preisdifferenzierung Sie in diesem Beispiel anwenden würden und wägen Sie mögliche Chancen und Risiken ab.*

Hier bietet sich die Preisdifferenzierung nach Abnahmemengen oder Absatzweg und –form an. Bspw. könnte man Großhändlern, Warenhäusern oder Fanshops Mengenrabatte gewähren.

Chancen:
- Erschließung neuer Käufergruppen
- Höherer Marktanteil und Umsatz
- Gewinnsteigerung durch Stückkostensenkung
- Bessere Auslastung der Kapazitäten

Risiken:
- Umsatz- anstelle von Gewinnmaximierung (wenn die Reduktion so stark ist, dass sie über der Stückkostensenkung liegt)

Grundsätzlich denkbar wäre hier auch eine kundengruppenorientierte Preisdifferenzierung (bspw. nach der Mitgliedschaft in einem Fußballverein); da aber die Voraussetzungen zur Preisdifferenzierung im Sinne der möglichen Isolierbarkeit der Zielgruppen hier nur sehr eingeschränkt gegeben sind, ist dies wahrscheinlich kaum umsetzbar bzw. birgt das Risiko, dass alle Kunden die günstigeren Tarife nutzen.

Hinweis zur Lösung
Der Marketing Mix bestehend aus den 4 P (product, price, place, promotion oder auf Deutsch: Produktpolitik, Preis- und Konditionenpolitik, Distributionspolitik und Kommunikationspolitik) ist ein zentrales Element des operativen Marketings.

Literaturempfehlungen
Jung, S. 470 ff., S. 617 ff.
Paul, S. 526 f.
Schierenbeck/Wöhle, S. 302 ff., S. 321 ff.
Thommen/Achleitner, S. 173 f.
Wöhe/Döring, S. 395 f.

4. Personalmanagement/Lohngerechtigkeit, Personalentwicklung und Arbeitsteilung

a) Erläutern Sie den Begriff und mögliche Kriterien der Lohngerechtigkeit.

Unter dem Begriff Lohngerechtigkeit wird ein gerechter Lohn aus betriebswirtschaftlicher Sicht bezeichnet, wobei in Theorie und Praxis Einigkeit darüber besteht, dass es einen allgemein akzeptierten, objektiv feststellbaren gerechten Lohn nicht geben kann. Daher werden verschiedene Kriterien zur Beurteilung eines gerechten Lohns herangezogen. Im Schrifttum diskutierte Kriterien der Lohngerechtigkeit sind:
- **Anforderungsgerechtigkeit** (Berücksichtigung des Schwierigkeitsgrades der Arbeit im Rahmen der Arbeitsbewertung),
- **Leistungsgerechtigkeit** (Berücksichtigung, inwieweit die Leistung des Arbeitnehmers über oder unter der definierten Normalleistung liegt),

- **Verhaltensgerechtigkeit** (Berücksichtigung des Verhaltens des Arbeitnehmers gegenüber Vorgesetzten, Mitarbeitern, Arbeitsmittlern),
- **Sozialgerechtigkeit** (Berücksichtigung sozialpolitischer Anliegen wie bspw. Altersvorsorge, Lohnfortzahlung im Krankheitsfall, Familienzulagen),
- **(Personal-)Marktgerechtigkeit** (Vergleichslöhne innerhalb der Branche),
- **Unternehmenserfolgsgerechtigkeit** (Beteiligung der Mitarbeiter am Unternehmenserfolg, da die Wirkung der Leistung des einzelnen oft nicht direkt gemessen werden kann).

b) *Stellen Sie die Ziele und Inhalte der Personalentwicklung dar und zeigen Sie den Zusammenhang zur Personalmotivation und Entgeltpolitik auf.*

Die Personalentwicklung hat die Aufgabe, die Fähigkeiten der Mitarbeiter so zu fördern, dass sie ihre gegenwärtigen und künftigen Aufgaben bewältigen können und ihre Qualifikation den gestellten Anforderungen entspricht. In der Praxis werden Maßnahmen der Personalentwicklung in Maßnahmen zur Laufbahn- und Karriereplanung sowie betrieblicher Bildung unterschieden (siehe Abbildung 21):

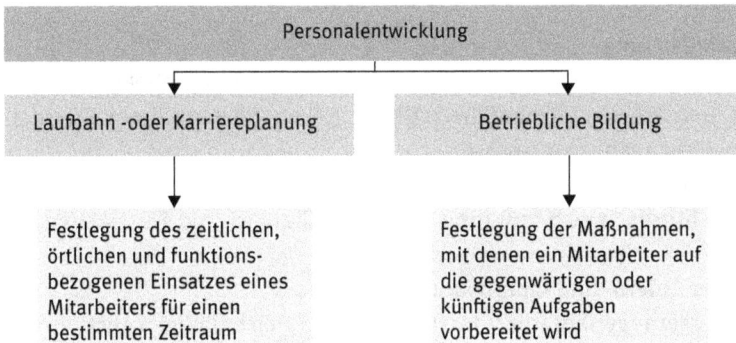

Abbildung 21: Überblick Personalentwicklung

Ein Ziel der Laufbahn- oder Karriereplanung und der betrieblichen Weiterbildungsmaßnahmen ist es, Mitarbeiter zu höheren Leistungen zu motivieren. Beide Instrumente gehören zu den nicht-monetären Anreizarten der Personalmotivation (siehe Abbildung 22) und können im Vergleich zu monetären Anreizen wie Lohn, Gehalt oder Erfolgsbeteiligungen längerfristige und damit nachhaltigere positive Wirkungen auf die Mitarbeitermotivation haben.

```
                                    ┌─► Lohn/Gehalt
                                    ├─► Erfolgsbeteiligung
                                    ├─► Betriebliche Sozialleistungen
                    ┌─ monetäre ────┤
                    │               └─► Betriebliches Vorschlagswesen
                    │
                    │               ┌─► Weiterbildungsmöglichkeiten
        Anreize ────┤               ├─► Entwicklungs-, Aufstiegschancen
                    │               ├─► Betriebsklima
                    │               ├─► Führungsstil
                    │   nicht-      ├─► Arbeitszeit- und Pausenregeln
                    └─ monetäre ────┤
                                    ├─► Arbeitsinhalt
                                    ├─► Art und Gestaltung des Arbeitsplatzes
                                    └─► Gruppenmitgliedschaft
```

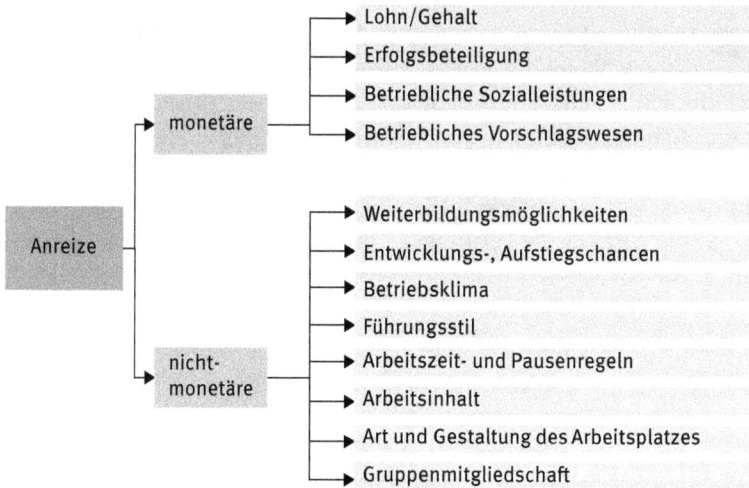

Abbildung 22: Überblick Anreizarten

c) *Beschreiben Sie kurz die Vor- und Nachteile eines hohen Grades an Arbeitsteilung (Spezialisierung).*

Vorteile der Spezialisierung:
- Höhere Outputmengen aufgrund von Gewöhnungs- und Übungseffekten.
- Möglichkeit, den Arbeitsplatz und die Arbeitsmittel an die besonderen Erfordernisse des Arbeitsvorgangs anzupassen.
- Leichtere Stellenzuordnung, da jedem Mitarbeiter genau die Stelle übertragen werden kann, für die er sich aufgrund seiner Begabungen und Fertigkeiten am besten eignet.
- Verkürzung der Anlern- und Einarbeitungsphase.
- Qualitätsverbesserungen aufgrund der ständigen und gleichmäßigen Ausführung.

Nachteile der Spezialisierung:
- Einseitige Belastung, die zu starken Ermüdungserscheinungen (physisch und psychisch) und im Extremfall zu gesundheitlichen Schäden führen kann.
- Tendenz zu höherem Koordinationsaufwand und zu steigenden Transportzeiten und -kosten.
- Einengung des Fähigkeitspotenzials der Mitarbeiter, die langfristig zu einer geringeren Anpassungs- und Umstellungsfähigkeit führen kann.
- Die Aufspaltung des Gesamtbeitrags in einzelne Tätigkeiten kann bei den Arbeitnehmern das Gefühl der Langeweile und Monotonie hervorrufen. Der Blick für den Gesamtzusammenhang geht verloren, und der Arbeitnehmer identifiziert sich nicht mehr mit der Leistungserstellung (Entfremdung).

Hinweis zur Lösung

Im Rahmen der Arbeitsgestaltung werden die technischen und organisatorischen Bedingungen für die Erbringung von Arbeitsleistung durch die Mitarbeiter definiert. Die Regelungen umfassen dabei die Gestaltung der Arbeitsinhalte (und damit der Spezialisierung), der Arbeitszeit und des Arbeitsplatzes. Eine weitere wichtige Funktion des Personalmanagements ist die Personalentwicklung, die zum Ziel hat, die Leistungsfähigkeit der Mitarbeiter zu erhalten und im Hinblick auf künftige Anforderungen weiterzuentwickeln.

Literaturempfehlungen

Jung, S. 959 ff.

Paul, S. 361 f.

Thommen/Achleitner, S. 763 f.

Wöhe/Döring, S. 138 f.

Index

Literaturempfehlungen

Allgemeine Standardwerke:

Jung, H.: Allgemeine Betriebswirtschaftslehre, 13. Auflage, De Gruyter Oldenbourg, Berlin/Boston 2016

Paul, J.: Praxisorientierte Einführung in die Betriebswirtschaftslehre: Mit Beispielen und Fallstudien, 3. Auflage, Springer Gabler, Wiesbaden 2015

Schierenbeck/Wöhle: Grundzüge der Betriebswirtschaftslehre, 19. Auflage, De Gruyter Oldenbourg, Berlin/Boston 2016

Thommen/Achleitner: Allgemeine Betriebswirtschaftslehre: Umfassende Einführung aus managementorientierter Sicht, 7. Auflage, Springer Gabler, Wiesbaden 2012

Vahs/Schäfer-Kunz: Einführung in die Betriebswirtschaftslehre, 7. Auflage, Schaeffer-Poeschel, Stuttgart 2015

Wöhe/Döring: Einführung in die allgemeine Betriebswirtschaftslehre, 25. Auflage, Vahlen, München 2013

Lehrbücher zu einzelnen Themen:

Bacher, U.: BWL kompakt – Praxiswissen der Bilanzierung, Investition und Finanzierung, 9. Auflage, DG Verlag, Wiesbaden 2015

Bamberg/Coenenberg/Krapp: Betriebswirtschaftliche Entscheidungslehre, 15. Auflage, Vahlen, München 2012

Bea/Schweitzer: Allgemeine Betriebswirtschaftslehre Band 2: Führung, 10. Auflage, UTB, Stuttgart 2011

Coenenberg/Haller/Mattner/Schultze: Einführung in das Rechnungswesen – Grundlagen der Buchführung und Bilanzierung, 5. Auflage, Schäffer-Poeschel, Stuttgart 2014

Joos, T.: Controlling, Kostenrechnung und Kostenmanagement: Grundlagen – Anwendungen – Instrumente, 5. Auflage, Springer Gabler, Wiesbaden 2014

Meffert/Burmann/Kirchgeorg: Marketing – Grundlagen marktorientierter Unternehmensführung, 12. Auflage, Springer Gabler, Wiesbaden 2014

Noll, B.: Wirtschafts- und Unternehmensethik in der Marktwirtschaft, 2. Auflage, Kohlhammer, Stuttgart 2013

Zahn/Schmid: Produktionswirtschaft Band 1: Grundlagen und operatives Produktionsmanagement, UTB, Stuttgart 1996

Tabellenverzeichnis

Abbildungsverzeichnis

Über die Autoren

Prof. Dr. Stefan Foschiani, Diplom-Kaufmann, war mehrere Jahre bei der Daimler AG in der strategischen Planung und an der Universität Stuttgart im Fachgebiet strategisches Management tätig. An der Hochschule Pforzheim lehrt er seit 2005 Betriebswirtschaft mit dem Schwerpunkt strategisches Management.

Prof. Dr. Robert Nothhelfer, Diplom-Volkswirt, lehrt nach langjähriger Tätigkeit im Einzelhandel für Lidl und die Schwarz-Gruppe seit 2014 Betriebswirtschaftslehre mit Schwerpunkt Bilanzierung und Finanzwesen an der Hochschule Pforzheim. Aufgaben- und Forschungsschwerpunkte sind allgemeine Betriebswirtschaftslehre, betriebliches Rechnungswesen sowie Compliance Management. Nebenberuflich berät er Start-up-Unternehmen.

Prof. Dr. Katja Rade, Diplom-Kauffrau, war langjährig bei der Deutschen Lufthansa AG in unterschiedlichen Abteilungen des operativen (Flugbetrieb-)Managements und im Controlling tätig. An der Hochschule Pforzheim lehrt sie Allgemeine Betriebswirtschaft mit dem Schwerpunkt externes und internes Rechnungswesen.

Prof. Dr. Volker Trauzettel, Diplom-Kaufmann, sammelte Erfahrungen in der Konsumgüterindustrie und im Einzelhandel. Seit 2003 vertritt er das Fach Handelsbetriebslehre an der Hochschule Pforzheim. Seine Forschungsschwerpunkte liegen im Bereich Organisation von Handelsunternehmen, Handelsmarketing und Supply Chain Management.

Lehr- und Klausurenbücher der angewandten Ökonomik

Zuletzt in dieser Reihe erschienen:

Band 3
Meik Friedrich/Bettina-Sophie Huck/Andreas Schlegel/Thomas Skill/Michael Vorfeld
Mathematik und Statistik für Wirtschaftswissenschaftler. Klausuren, Übungen und Lösungen, 2016
ISBN 978-3-11-041059-4, e-ISBN (PDF) 978-3-11-041400-4, e-ISBN (EPUB) 978-3-11-042371-6

Band 2
Torsten Bleich/Meik Friedrich/Werner A. Halver/Christof Römer/Michael Vorfeld
Volkswirtschaftslehre. Klausuren, Übungen und Lösungen, 2016
ISBN 978-3-11-041058-7, e-ISBN (PDF) 978-3-11-041449-3, e-ISBN (EPUB) 978-3-11-042372-3

Band 1
Robert Nothhelfer/Urban Bacher/Katja Rade/Marcus Scholz
Klausurtraining für Bilanzierung und Finanzwirtschaft. Originalaufgaben mit Musterlösungen, 2015
ISBN 978-3-11-044136-9, e-ISBN (PDF) 978-3-11-044137-6, e-ISBN (EPUB) 978-3-11-043322-7

www.degruyter.com

www.ingramcontent.com/pod-product-compliance
Lightning Source LLC
Chambersburg PA
CBHW061818210326

41599CB00034B/7038